王卫传

杨 越◎著　　陈 润◎主编

团结出版社

图书在版编目（CIP）数据

王卫传 / 杨越著 . -- 北京：团结出版社，2021.8

ISBN 978-7-5126-9065-3

Ⅰ . ①王… Ⅱ . ①杨… Ⅲ . ①王卫—传记 Ⅳ .
① K825.38

中国版本图书馆 CIP 数据核字 (2021) 第 144506 号

王卫传

杨 越 著

出　　　版：团结出版社
　　　　　　（北京市东城区东皇城根南街84号　邮编：100006）
责任编辑：郑 纪
电　　　话：(010) 65228880
发　　　行：(010) 51393396
网　　　址：http://www.tjpress.com
E - mail：65244790@163.com
经　　　销：全国新华书店
印　　　刷：三河市华东印刷有限公司

开　　　本：880mm×1230mm　1/32
印　　　张：8.5
字　　　数：228千字
版　　　次：2021年8月第1版
印　　　次：2021年8月第1次印刷

书　　　号：978-7-5126-9065-3
定　　　价：59.00元

为标杆立传：重塑企业家精神，推动中国商业进步

在我们一生中，总会遇到那么一个人，用自己的智慧之光、精神之光，照亮我们人生的道路。

我从事企业传记写作、出版已有 10 多年，在访谈企业家、创业者的时候，我通常会问两个问题：谁对你影响最大？哪本书令你受益匪浅？答案往往是某位标杆企业家及其传记作品。可以说，很多企业家都曾深受成功前辈企业家传记的影响，他们以偶像为标杆，完成自我认知、自我突破、自我进化，在对标中寻找坐标，在蜕变中加速成长。

人们常说，选择比努力更重要，而选择正确与否取决于认知。决定人生命运的关键选择就那么几次，大多数人不具备做出关键抉择的正确认知，然后要花很多年为当初的错误决定买单。对于创业者、管理者来说，阅读成功企业家传记是形成方法论、构建学习力、完成认知跃迁的最佳捷径，越早越好。

无论个人还是企业，不同的个体、组织有不同的基因和命运。对于个人来说，要有思想、灵魂，才能活得明白，取得成功。对于企业而言，要有愿景、使命、价值观，才能做大做强，基业长青。世间万物，皆有"灵魂"。每个企业出生时都有"灵魂"，但发展壮大以后就容

易被忽视。企业的灵魂人物是创始人，他给企业创造的最大财富是企业家精神；管理的核心是管理愿景、使命、价值观，我们通常概括为企业文化。有远见的企业家重视"灵魂"，其中效率最高、成本最低的方式是写作企业家传记和企业史，前者重塑企业家精神，后者提炼企业文化，以此找到企业复兴之路。

"立德、立功、立言"，这是儒家追求，也是人生大道。在过去10年间，我所创办的润商文化秉承"以史明道，以道润商"的使命，汇聚一大批专家学者、财经作家、媒体精英，专注于企业传记定制出版和传播服务，为标杆企业立传。我们为华润、招商局金融、戴尔中国、用友、卓尔、光威等数十家著名企业提供知识服务，策划出版过全球商业史系列、世界财富家族系列、中国著名企业家传记系列等近百部具有影响力的作品，还将部分优秀作品版权输出海外，堪称最了解中国本土企业实践和理论模型的知识服务机构之一。

正是出于重塑企业家精神、构建商业文明的专业研究精神和时代使命感、责任感，当我提出策划出版"中国著名企业家传记"丛书的倡议之后，得到团结出版社的大力支持。2019年初，我们启动"中国著名企业家传记"丛书的学术研究和出版工程。

为了高标准、高品质打造精品，我们聚集业内知名财经作家组建研究团队，进行专题研究和创作，陆续出版了李嘉诚、任正非、马云、雷军、董明珠、彭蕾等企业家传记作品，面世后深受读者欢迎，一版再版。2020年，我们继续完成了王兴、周鸿祎、曹德旺、段永平等企业家传记作品，未来，还会聚焦更多的优秀企业及企业家，为企业家立言，为企业立命，为中国商业立标杆。

一直以来，我们致力于为有思想的企业提升价值，为有价值的企业传播思想。作为中国商业观察者、记录者、传播者，我们将聚焦于更多标杆企业、行业龙头、区域领导品牌、高成长型创新公司等有价值的企业，将"中国著名企业家传记"丛书不断完善，重塑企业家精神，传播企业品牌价值，推动中国商业进步。

通过"中国著名企业家传记"丛书的调查研究和出版工程，我们意在为更多企业家、创业者提供前行的智慧和力量，为读者在喧嚣浮华的时代打开一扇希望之窗：

在这个美好时代，每个人都可以通过奋斗和努力，成为想成为的那个自己。

"中国著名企业家传记"丛书主编

2021 年 7 月 12 日

顺"丰"而为

在中国商业界有这样一群人，他们大都出生于 20 世纪 70 年代，成长于改革开放的浪潮中，见证了中国经济高速发展崛起的全过程，成年之后的他们也顺应这波澜壮阔的时代大浪潮，经历万千磨砺，顺利登上了这浪潮之巅。很多如今和我们生活息息相关的行业，在那个风云际会的年代，诞生于他们的天才创意和苦心经营。1993 年，顺丰快递公司在中国华南地区成立，多年以后，这家公司成为中国民营快递行业的领航者。在顺丰背后，有一个低调得几乎不为人知的神秘总裁——王卫。很多人也许不知道，成立这家公司时，王卫只有 23 岁。

回顾中国民营快递业的发展史：1993 年 3 月 26 日，王卫在广东省佛山市顺德区注册成立了顺丰公司，开创民营快递先河，并全力开拓粤、港两地的速运市场；同年，浙江人聂腾飞在上海松江小昆山经济开发区成立了上海盛彤实业有限公司，专营上海和杭州两地的报关急件直送业务，这也就是我们今天所熟知的申通快递的前身；1994 年 1 月，从日本留学归国的陈平在北京成立了北京双臣快运有限公司，主做零散的家政服务，后来这家公司改名为"宅急送"；同年，曾经和聂腾飞一起创办"盛彤"的浙江人詹际盛从申通辞职，成立了天天快递；1999 年 8 月，聂腾飞的弟弟聂腾云在上海成立了韵达快递；2000 年 5 月 28 日，申通原财务部门员工张小娟和其丈夫喻渭蛟在上海创办了圆通快递；2002 年 5 月 8 日，曾是木材商的赖梅松在上海成立了中通快递，这也是一家集快递、物流及其他业务于一体的大型集团公司。

再后来，来自浙江的商人徐建荣在 2005 年收购了仅成立两年的百世汇通，5 年以后，马云又收购了这家公司；2012 年，陈小英和第二任丈夫悉春阳收购了詹际盛的天天快递。

短短 20 年间，中国快递业的队伍迅速扩大，并不断重构，最终形成了以国有快递公司中国邮政、民营快递龙头企业顺丰和来自浙江并落脚于上海的"四通一达"占主导的市场格局。

然而 20 年前，在民营快递刚刚出现的时候，这些当时还很年轻的创业者们都还在小心翼翼地摸着石头过河。在广东创业的王卫，虽然离民营快递公司角逐的"主战场"上海较远，但在那个年代，广东作为拥有经济特区最多的省份，自然也就成了一个巨大的经济试验场，无数有梦想的人都被这个磁场一般的地方吸引着，层出不穷的新思想在这里激烈地碰撞着。在这样一个梦想之地，逐梦者们所上演的商业厮杀和缠斗到底有多激烈，我们是无法想象的。

时间回到 2020 年的春天，新冠疫情大规模暴发，短时间内，全民隔离在家，各行各业被迫陷入停滞状态。疫情暴发时正值春节，也是快递行业每年最忙碌的一个时期，一时间，大量的货物滞留，派送不力，人员无法正常到岗的问题频频出现。顺丰却在这个特殊时期，以其优质、快速的服务赢得众人赞美，成为民营快递服务的标杆。此时，距离它的创立已经过去了整整 27 年。

独有的直营模式加标准化管理，使得顺丰在人员调配上占据了巨大优势，多年积累的实力和过硬的职业素养也让顺丰在这次突发事件中表现得更为得心应手。据统计，2020 年 3 月 18 日，已经上市的几家快递公司中除了顺丰，都呈现出业务量和收入的负增长，而顺丰 2 月份的业务量却达到了惊人的 4.75 亿票，同比增长 118.89%，业务收入 86.4

亿元，同比增长 77.3%，这个数据是顺丰实力的最好证明。但就在这个春天到来之前，2019 年，王卫已经离开了顺丰执行董事和法定代表人的位置。这也使得人们对这些年引领顺丰成长的他更加感到好奇。

1997 年香港回归前夕，王卫刚刚和当地的几家快递公司结束了一场几乎可以被称作"杀敌一千，自损八百"的价格战，最终以"香港低价快件"的招牌垄断了整个深港货运。

地域性的行业价格战结束，在接下来的几年内，现如今已经实力雄厚的几家民营快递公司也相继创立，韵达、圆通、中通的出现，让民营快递行业变得更加波云诡谲。

先后成立的几家快递公司成为王卫布局全国的一个个绊脚石。随着互联网浪潮的兴起以及电商的越战越勇，大量网络订单涌入快递行业，使得以高端定位见长的顺丰因其价格而地位稍显尴尬。眼看着后来者居上，一向有着危机意识的王卫绝不可能坐以待毙，但是如何顺应因互联网兴起而改变的快递业，这对年轻的他来说是个难题。他必须在极短的时间内找到一剂适合顺丰的"特效药"，让顺丰独有的优势在风云变幻的互联网大时代到来前更加凸显，从而与其他几家快递公司拉开距离。

2002 年底，被世界卫生组织命名为"SARS"的病毒在广东突然出现，并以不可遏制的态势迅速蔓延至其他省份，海外其他国家也相继暴发疫情。与 2020 年暴发的这场新冠疫情一样，当时，我国大部分省份的国民生活也都陷入了几近停滞的状态，工人停工，学生停课，到了 2003 年的五一劳动节，疫情仍然没有得到有效遏制，原本是旅游旺季的五一小长假显得格外冷清，民航业也遭遇了几十年未有的重挫。

谁也没有想到，就是在这种情况下，在那个体温计、板蓝根被疯狂抢购的慌乱的春天，顺丰的幕后指挥官王卫静观其变，并以其卓越的眼光看到了最好的战机。那一年，王卫果断出手，与扬子江快运低调签订了租用飞机货舱的协议，自此，除了国有的中国邮政，国内又多了一家用飞机运送快递的公司，顺丰开创了中国民营快递企业用货机运输提速的先河。

自此以后，曾经以"服务"为招牌的顺丰多了一个更有力的优势——速度。如今，提起顺丰，人们想到的第一个关键词就是"快"。但是，在王卫眼中，顺丰的速度仍不算快，他认为，与国际标准相比，想要做到顺丰速度并不难，如果能更高效地使用先进的运输手段，优化派送流程，顺丰还可以更快。

但他却并没有继续在速度这个优势上发力，因为紧随其后，几家同样需要竞速的快递企业也在顺丰之后纷纷和航空公司签订了租用飞机货舱的协议。在速度差异被缩小的情况下，王卫清醒地意识到，竞速、竞价将不再是顺丰得以凸显优势的保障，在互联网技术让世界变得眼花缭乱的今天和将来，传统行业的竞争对手已不再是同行企业，而是那些拥有先进技术的公司。

找到更多抓手和着力点，为企业多方面赋能，成为提速后的顺丰更重要的发力点。对王卫而言，从创立顺丰那天起，他就致力于将顺丰经营成一家具有民族自豪感的中国企业，他也多次表示自己以国际快递巨擘——联邦快递（FedEx）为目标，试图将顺丰打造成中国的联邦快递。

也正是这个遥远且极具吸引力的梦想，支撑着他走到了今天，一路上王卫逢敌亮剑，为的就是全力将这份事业做到精益求精。此前的快递行业的发展已经到了瓶颈期，几家快递公司已经是短兵相接，各家企业的掌门人更是摩拳擦掌，谁的速度更快、谁的服务更好，将是未来抢夺快递行业份额的核心着力点。一场市场争夺战就这样轰轰烈烈地拉开了帷幕。

占据速度和硬件设备优势的顺丰在这场争夺战中无疑表现得最为

优异。唯一美中不足的是，在电商这块大蛋糕上，顺丰几乎没圈到多大份额。

对王卫来说，一个企业有明确的定位是非常重要的事情，企业定位是企业的发展之本，也是企业的灵魂所在，如果为了扩充市场占有率，提高订单量，而将已经渗透到消费者观念中的企业定位模糊化，当有一天电商的浪潮消退时，这种因冲动而做出的决定一定会让顺丰自食恶果。在多种因素的影响以及综合考量既有市场覆盖率的情况下，王卫除了紧抓顺丰服务质量，还在个性化快递产品的推出与时速的提升上做着巨大努力。

一个企业的老板，不仅要了解行业动态和对手的情况，更重要的是要对自己有足够的认知以及对自身和对方差异做出客观判断，王卫的姿态成功避免了顺丰降低"身价"陷入电商网络订单的分食大战，同时也避免了顺丰陷入在吃过电商甜头以后无法及时回头的问题。

创业十年，王卫的这种性格和危机时刻的"非常态决策"让很多企业家、媒体、风投公司都对他感到十足的好奇，业界开始向王卫发出一份份合作邀约，媒体发起一次次采访邀请，但得到的却是他一次又一次的婉拒。

对于出生在高知家庭、自幼随父母移居香港的王卫来说，"低调"这个标签的出现有点儿让他猝不及防，无论是受香港社会氛围的影响，还是长大后广东商人多金却低调的风气熏陶，王卫早已习惯不抛头露面，也习惯了在一片嘈杂和质疑声中埋头苦干，他唯一的强硬之处就是对顺丰这份事业的捍卫和保护。但是顺丰的异军突起却引起了包括中国邮政在内的几家同行的注意和警觉，而这些所谓的"低调"标签在很大程度上加深了王卫的神秘性，与之相对的，是在无尽的神秘之中被激发出的更加强烈的好奇。

于是，就像陷入一个循环一样，王卫越是低调，人们越是感到好奇；

邀约越多，他拒绝得也越多。渐渐地，对于风投公司和国际巨头发来的融资、并购等涉及企业命脉的"合作邀请"，王卫也表现出更加明确、坚决的态度，因此，一个关于他的新标签诞生了——"资本洁癖"。

如果还有人记得 2017 年，王卫在深交所敲响顺丰上市钟时所发表的演讲，就会知道，这个为顺丰倾注了半生精力和感情的企业创始人，用了几年的时间打破了自己在年轻时立下的"誓言"，其中就包括"顺丰不融资、不上市"。而这一切都是基于市场环境变化、行业发展的需求，以及对顺丰的未来规划所做出的明智的决定。

关于顺丰的上市，王卫调侃自己说："有些地方不能随便去，有些话不能随便说。"那一刻，人们看到的不是传说中被贴满了标签的不善言辞的他，而是一个散发着人格魅力的、懂得自嘲的幽默的顺丰总裁。

2017 年的夏天，在由腾讯主办的"粤港澳大湾区论坛"上，马化腾邀请了中国最难邀约的企业家之一王卫。在那次论坛上，面对媒体以及国内其他知名企业的董事长们，王卫表现得非常健谈而且乐于调侃，他也第一次对多年来贴在自己身上的"低调"标签做出了风趣的回应，他说："马同学让我的低调牌坊没有了。"

这两次发言改变了人们对王卫的既有印象，也使这个曾经非常神秘的身价 1500 亿元的总裁变得立体起来。然而谁也没有想到，两年以后，王卫以人们已经习惯的低调而果决的行事作风宣布了卸任顺丰执行董事的消息，这是顺丰成立的第 26 个春天。

后来，面对媒体采访，信佛的他只是轻描淡写的几句话就概括了原因，他说："人这一辈子的成就、机遇，是跟上辈子积下来的福报有关联的。"在他看来，世间诸事，都有因果，有我们人力不可控的地方。对顺丰这份事业的捍卫，并不全是他出于对财富的追求，对于一个格局不断扩大的企业家来说，事业是带来财富的渠道，更是为了实现理想和自身价值，为企业和国家带来更高利益的一部分。

在 2020 年春天，当装载着 3.3 公斤医疗和防疫物资的顺丰无人机平稳降落在武汉金银潭医院时，顺丰已经成长为中国快递业勇于肩负国家之责的实力派战将。

在遥远的祖国南端，在经济特区深圳福田区的顺丰总部办公大楼里，这个国内最大的民营快递企业正以其先进的技术手段和日益优化的工作流程飞速运转着。一张张不同肤色的海外面孔是顺丰进军国际市场后吸收的新的人才力量，来自世界各地的数据都会在这栋办公楼里集中汇总，然后得到分析，这些数据是顺丰的晴雨表，也是民族企业的自豪。

如今，王卫已很少出现在大众视野范围内，留下的是他耗费了半生心血和努力打造的快递航母以及 20 多万被他称之为"最可爱的人"的"SFer"。曾经，可以被称作"SFer"的人，算上王卫自己也只有 6 个；今天，顺丰已经是拥有 75 架货运专机和 20 多万员工的商业帝国，这个曾经靠拉杆箱送货的快递公司，实现了"从码头到蓝天"的飞跃，王卫和一批又一批顺丰人的坚守真正印证了那句"日拱一卒无有尽，功不唐捐终入海"。

目 录

第四章 触网触电：紧跟时代步伐

第五章 绝处逢生：危机即为战机

第六章 服务细分：拥抱目标客户

第七章 成就霸业：铺就上市之路

第八章 统御之道：从人性出发

第九章 不露圭角：王者风范尽显

第十章 涅槃重生：低谷后的反转

第十一章 凝心聚力：企业文化魅力

第十二章 毕生心血：王者退居幕后

附录

第一章

悄然崛起：勇敢的创业人

20世纪90年代，随着改革开放浪潮的汹涌而来，很多报关单及样品派送业务在我国东南沿海地区大量出现，这些新的业务需求催生了一个以"派送"谋生的群体，并在巨大业务需求的带动下使得我国传统的物流行业迎来了一个新的局面，或者说是一个转变的契机。彼时，在东南沿海和内陆重要城市之中，一个个以"快递"为主要经营业务的民营企业纷纷成立。

在这样的大时代背景下，广东沿海的一个寻常巷陌之中，一家最终成为中国民营快递领军企业的顺丰悄然创立。

顺德起步能否"顺丰"

2016 年 4 月 18 日，一段"顺丰快递小哥被扇耳光"的视频引发了网友热议。视频一经流出，便在网上引起轩然大波，在喧闹的谴责声中，一个叫王卫的人，他的朋友圈截图被发到了网上。他在朋友圈中这样说道："如果这事不追究到底，我不配再做顺丰总裁！"

在这条朋友圈截图被发出之前，很多人并不知道王卫是何许人也。虽然顺丰在国内已经有着响当当的招牌和客户影响力了，但是他的掌门人却极为低调，如果不是员工被打，这个低调的总裁也不会在公共社交平台上如此"霸气"发声。

"快递小哥被打"事件当时在网络上引起了广泛的关注，公众呼吁打人者道歉，几大知名公司创始人纷纷力挺顺丰。对于王卫来说，员工被尊重是他所能给予员工的基础保障，"员工尊严不可践踏"是这个低调却硬骨头的老板多年不变的坚守。

1993 年，王卫在广东顺德的容奇港成立了顺丰速运，从那时起，顺丰便被他看作是自己的"孩子"，而作为顺丰基本组成部分的"快递小哥"，更是被王卫珍惜，这也是 2016 年"快递小哥被打事件"彻底引爆低调的王卫的主要原因。强势发声，保护顺丰人的尊严和权益是他身为顺丰总舵主的一种本能。事件平息以后，王卫留给公众的印象瞬间深刻了起来，人们也开始对这个中国最大民营快递企业总裁的成长之路感到好奇。

　　王卫于 1970 年出生在"十里洋场"的上海，父亲是一名空军俄语翻译，母亲在江西的一所大学任教，书香门第说的便是王卫这样的家庭。成长于知识分子家庭的王卫，骨子里自有风雅之气，父母的教育和环境的熏陶为塑造他那低调、务实的性格提供了现实土壤。

　　2017 年顺丰上市时，作为创始人的王卫身穿牛仔裤和顺丰工服低调亮相，首次面对媒体和公众做了一场大约五分钟的演讲。在演讲中，王卫首先向父母表示了感谢，没有父母的培养就没有如此成就的他。良好的家庭教育赋予了王卫可贵的品格，也正是这种品格支撑着他一步步将顺丰做大。

　　1977 年，7 岁的王卫随家人移居到当时还在英国政府管辖下的香港。20 世纪 70 年代的香港，商业气氛极为浓厚，在内地人的眼中，那是一片寸土寸金的繁华之地。移居香港之后，由于父母的学历和工作资质在香港不被接受，他们只能从事体力工作以获取薪酬。在那个时代，体力工作所能得到的薪酬是极为微薄的，家庭收入的锐减让王卫一家人的生活立刻变得拮据起来。与此同时，巨大的文化差异以及到港之后的现实生活落差，也让年幼的王卫感到了些许生活的不易。

　　而此时的中国内地，一场关于真理检验标准的大讨论正悄悄地进行着。1978 年十一届三中全会召开，改革开放的提出，使得广东这个拥有最多经济特区的省份一跃成为全国第一经济大省。与之毗邻的香港，在这突如其来的经济转折中扮演了举足轻重的角色，港商们的大胆投资为内地经济的发展注入了极大的活力。

　　在香港浓厚商业氛围中长大的王卫，高中毕业之后做了一个影响其一生的重要决定。当时，父母计划倾尽全力供他留学，但在考虑到家庭重担和父母的辛苦之后，十几岁的王卫毅然退学，决定走出校门，和父母一起扛起生活的重担。

　　这个决定立刻遭到父母的全力反对，甚至可以说是"愤慨的反对"，但他还是坚持了自己的选择。考察大多数企业家的人生经历，我们会发现——在时代大趋势的洪流来临之前，他们总是会以让我们普通人觉得瞠目结舌的方式，顺势准时地扎入时代浪潮中。对于出生在高知家庭的王卫而言，高中便退学，可想他要与父母做如何艰难的抗争。

退学以后，转头他便扎入了时代的浪潮。起初，王卫找的工作都是一些极为辛苦的低收入岗位，他做过清洁工、搬运工，也给一些公司做过金融产品销售员。王卫每天都和身边的那些年轻打工人一样，忙忙碌碌地奔波着，但微弱的收入却并不能为父母分担太多的生活压力。

20世纪90年代初，收入并不乐观的王卫决定辞掉工作，到叔叔的印染厂做小工，前途未卜。但这个看似不经意的决定，却让他抓住了一个隐藏了许久的商机。

彼时，随着改革开放的不断深入，珠三角地区以其自然资源、劳动力资源丰富且价格低廉的优势，与香港地区的资金、技术、人才等优势完美互补。1992年，邓小平"南方谈话"后，彻底敞开胸怀的内地为港商们注入了信心。据统计数据显示，当时有八万多家香港制造工厂转移到内地，其中有五万多家企业将厂址设在珠三角地区。"前店后厂[1]"的新经济模式也应运而生。

其实早在1978年，《读卖新闻》驻香港记者松永二日在参观了一系列中国工厂后，便预言"中国将在再度复职的邓小平的领导下，设法加强同外国——以西方发达的工业国家为中心——的经济关系，在国内推行讲究能力和效率的路线"。[2]

此后，根据相关数据显示，1993年可以被称作是跨国公司在华大规模投资的元年。自1979年至2000年，中国累计吸引了外资3462亿元，其中，1992年至2000年累计流入资金量占总量的93%。肯德基、保洁、柯达、诺基亚、花旗银行、福特公司等赫赫有名的外资企业都在那一

---

[1] 前店后厂：指的是珠江三角洲地区与港澳地区经济合作中地域分工与合作的独特模式。其中，"前店"指港澳地区，"后厂"指珠江三角洲地区，主要是优势互补、互惠互利的关系。

[2] 吴晓波：《激荡三十年》，中信出版社，2017年。

段时间内把中国作为企业的头号业务地区。

此时，在广东顺德印染厂上班的王卫刚刚二十出头，正忙着将内地生产好的样品托熟人或朋友中转给在香港的客户。码头上人头攒动，来来往往的全是内地工厂的小工和即将到港的商人，囿于粤港两地的通关手续，交通运输极为缓慢，加上历史原因和政策限制及报关、邮寄等烦琐程序，虽然是咫尺之距，但要将样品给客户确认却需要耗费差不多一周的时间。

几万家香港工厂集中大迁移，虽然在生产环节降低了成本，提高了效率，但中转递交样品却产生了巨大压力，当时尚不发达的物流系统根本无法应对这种井喷式的需求。对于"时间就是金钱"的商人们来说，没有人愿意在这上面浪费时间，延误工期。久而久之，码头上出现了一批专门做捎带样品生意的人，他们不仅简化了运输程序，还免去了很多"人情债"，提高了中转效率，此种业务的出现受到广大厂商的欢迎和追捧。

为了节省时间、提高效率，王卫也经常让这些人捎带样品，人们称呼这群人为"水货佬"。常和他们打交道的王卫发现了这个巨大的商机，随着"水货佬"队伍的不断壮大和样品捎带需求的激增，王卫更加坚信这个想法会为自己带来一笔不小的财富。

其实在这之前，年轻的王卫也曾有过几次创业的经历，但都是踩着前人的脚步在走，不仅不够规范，而且常常步人后尘，在市场迅速饱和的情况下，王卫的创业初体验都是些小打小闹。如今在媒体报道和坊间流传中，几乎无法查证他最初的几次创业经历分别是什么，但是这些失败的创业经历让王卫明白了这样一个道理：在经济高速发展、商机层出不穷的时代，想要成为传奇，就必须找到自己的路，做自己的开路人。

1993 年，23 岁的王卫向父亲借款，决定再次创业。听到儿子想要继续创业，一直省吃俭用、有一定积蓄的父亲表示十分支持，当即拿出了 10 万元港币给儿子做启动金。

就这样，一家在广东顺德成立的专门做物件收发的快递公司悄然诞生了。顺德是广东佛山的行政辖区，经济发展势头非常猛，20世纪90年代的顺德，已经有全国最大的冰箱、空调、热水器和消毒碗柜的生产基地，也是全球最大的电风扇、微波炉和电饭煲制造中心，在1994年评选的"全国十大乡镇企业"中，顺德以一己之力占据了半壁江山。王卫和顺丰起步于此，是有其地理以及时代优势的。

值得一提的是，顺丰成立的这一年，不仅是外资在华大规模投资的元年，也是我国快递业的"元年"。由于跨国企业的大规模投资，进出口贸易额迅猛增长，物流需求的急剧增长也为民营快递的出现奠定了基础。

初创时期的顺丰，始于顺德一个名叫容奇港的码头，主做船运。据一位港商回忆，最初的顺丰只有两艘船，一艘叫"顺峰"，一艘叫"顺德"。这两艘运载着信件和旅人的船以每天两班的频次往返于顺德和香港之间，航程需要两个小时左右，大大节省了两地商人的时间。也因此，顺丰一成立，就有大量的快递业务涌了进来。

起初，由于公司初创人员有限，顺丰并不负责上门派送。和一人单干的"水货佬"队伍不同的是，王卫在香港九龙太子砵兰街[1]设立了固定的收件点，货运船只抵达香港以后，会有专人将货物搬运过关，收件人需要亲自到收件点取件。

砵兰街是香港一条极有特色的街道，位于旺角和油麻地旧区之间，

---

[1] 砵兰街（Portland Street）：砵兰街是香港一条有特色的街道。1927年，为了纪念两度成为英国首相的威廉·卡文迪许－本廷克（William Cavendish-Bentinck）兼波特兰公爵而命名。人称"声色犬马、龙蛇混杂"之地，是没有被香港政府认可的红灯区。夹杂在长长的砵兰街中的各式商铺有戏院、唱片店、洋服店、长生店、皮革店、烧猪店、道堂、杂货铺、药材铺、旧书铺、印刷铺、疋头店、建筑装修材料店、室内设计室、华洋酒办店、各中西式食肆及学校等，所以不应把砵兰街简单地视作红灯区。不过有红灯区特色的生活都可以在此区内找到。

曾是被香港地区政府所诟病的红灯区，鱼龙混杂，各式商铺都有。每天，王卫和他的五个同事就在这里的一间小小的门店里办公。彼时的他们怎么也没想到，9 年以后，顺丰的办公地点会转移到对岸——那个最早被设立为中国经济特区的城市。

"民间组织" 的求生之路

如今提起物流，人们早已不再陌生，它甚至已经和我们的生活息息相关。但是对于 20 世纪 80 年代之前的中国人而言，他们还只有传统的"储运"概念。直到 1978 年改革开放之后，"物流"的概念才被引入国内。随着跨国企业来华，经济发展速度加快，国内及国际快递业务量才开始大幅激增。

1979 年，中国对外贸易运输公司成为我国第一个经营快递服务业务的企业。同年 6 月，日本海外新闻普及株式会社率先与中国对外贸易运输公司签订了中国第一个快件代理协议。之后，DHL[1]、UPS[2]、

---

［1］DHL（敦豪航空货运公司）：创始于德国的全球著名邮递和物流集团 Deutsche Post DHL 旗下公司，公司名称由三位创始人姓氏的首字母组成。1969 年，DHL 开设了第一条从旧金山到檀香山的速递运输航线。1986 年 12 月 1 日，由敦豪国际与中国对外贸易运输集团总公司注资 50% 在北京正式成立中外运敦豪国际航空快件有限公司，是中国成立最早、经验最丰富的国际航空快递公司。

［2］UPS（美国联合包裹运送服务公司）：成立于 1907 年，总部设于美国佐治亚州亚特兰大市，是全球领先的物流企业，提供包裹和货物运输、国际贸易便利化、先进技术部署等多种旨在提高全球业务管理效率和解决方案的业务。1988 年进入中国市场，致力于为各类客户提供全方位的物流服务，满足各种规模的中国企业不断变化的贸易需求，助力中国客户更好地与世界连接。目前，UPS 在中国的服务范围覆盖了 330 多个商业中心和主要城市。

FedEx[1] 及 TNT[2] 等国际快递巨头纷纷进军中国快递市场，开展国际快递业务。1980 年，中国邮政开办了全球邮政特快专递业务，1984 年又开办了国内特快专递业务，1985 年，专门经营国际、国内速递业务的中国邮政速递服务公司（EMS）正式成立。

但是，这些公司的成立和业务的开展，大都是在大宗货物贸易领域，时效性不强且手续烦琐。相比之下，像王卫这样专做物件收派的"黑快递"反而成了各私营企业的首选。彼时，中国计划经济的枷锁正在被打破，市场经济已经得到了发展，快递服务需求日益旺盛。突如其来的市场变化和毫无准备的业务需求的激增，让很多人都急不可耐地涌入了这个变幻莫测的新时代。在这个暂时缺乏规范却诱惑十足的行业里，忙碌奔波的不止王卫一个人。

在上海、在北京、在经济发展速度令人咋舌的广东，聂腾飞、陈平和王卫，以及和他们一样的年轻人，都在努力地用肩膀扛起各自的理想。

对于王卫来说，他的理想就是将顺丰速运打造成"中国的联邦快递"，这在当时来看几乎是天方夜谭。作为美国的快递巨擘，1993 年的联邦快递（FedEx）已经成立了二十多年，不仅业务纯熟，硬件设施先进，而且 1984 年就已经打入了中国市场，拥有了很大一部分国际快

---

[1] FedEx（联邦快递）：是一家国际性速递集团，提供隔夜快递、地面快递、重型货物运送、文件复印及物流服务，总部设于美国田纳西州孟菲斯，隶属于美国联邦快递集团。1984 年进入中国，目前已经是拥有直飞中国航班数目最多的国际快递公司，服务范围覆盖了 220 个城市。2012 年 9 月 6 日，国家邮政局官方网站公布，批准联邦快递（中国）有限公司（简称联邦快递）和优比速包裹运送（广东）有限公司经营国内快递业务。

[2] TNT：是一家总部位于荷兰的致力于为企业和个人提供快递和邮政服务的快递公司，在欧洲和亚洲可提供高效的递送网络，且通过在全球范围内扩大运营分布来优化网络域名注册查询效能。1988 年进入中国市场。目前，服务范围覆盖中国 500 多个城市。

递客户群体。相比之下，1993 年的顺丰还是一个连专用快递车都没有的"民间组织"。但即便如此，悬殊的差距依然没有浇灭王卫的理想之火，他和其他五个同事一起，在一线收派员的岗位上躬耕不辍。

20 世纪 90 年代的广东，每一座高楼大厦里都隐藏着无数个工厂和企业，与之毗邻的香港，客户们正等待着对来自广东的样品进行验收确认。"顺丰六人组"每天都要骑着摩托车往返于这些鳞次栉比的高楼大厦和复杂交错的街巷。一天下来，他们带着各自的背包和拉杆箱回到顺德的办公室，整理装船后由王卫负责携带出境，到了香港后再从当地收取一部分快件运回广东。

为了多收件，大家都非常卖力，争分夺秒的工作作风是顺丰起步之初便形成的。在行业抢滩期，每一个人都明白抢占市场先机的重要性，在这里，每一分钟都可能产生效益。因此，收件路上偶发交通事故，引起小的意外和创伤是常有的事。

作为王卫最初的"创业根据地"，在广东顺德，顺丰也有着一个和香港砵兰街类似的办公点，那是个密不透风、常年亮着照明灯的大仓库。在这个隐蔽的从外面看根本不知道里面还有一家快递公司的仓库里，人们每天都能看到王卫和他的同事们进进出出的身影。那时候谁也没想到，一家后来成为中国民营快递行业标杆的企业正在这里一步步壮大、成长。

随着业务量的增多，顺丰的队伍也一天天扩大起来，从六个人渐渐发展到了十几个人，人数虽然不多，但是日夜穿梭收件的身影已经遍布顺德的每个角落。这样的耐力和工作热情很快就引起了同行们的嫉妒。没过多久，顺丰就有了新的代称——"老鼠会[1]"，一提起这三个字，谁都知道说的是王卫的公司，时间长了，这也成了行业内讯

---

[1] 老鼠会：原本指的是金字塔销售计划，是一个传销术语。20 世纪 90 年代，快递同行因嫉妒顺丰的发展速度而用这个词来作为形容顺丰的"代名词"。两者之间本无关系。

讽顺丰的代名词。这个代称的由来很简单——当时无力与顺丰较量的其他"民间快递组织"都认为顺丰员工和业务的增长是以"老鼠繁衍"的速度完成的，因此，"老鼠会"的代称就这样诞生了。

对于外界的评价和讥讽，年轻的王卫毫不在意，趁市场竞争还没有进入白热化的阶段，王卫和他的同事们只专注在做好顺丰业务上，这是站稳脚跟的紧要关头，也是占有市场的唯一途径，更是和其他同行拉开距离的最佳时机。

因此，即便是很多年以后回忆起初创时期的顺丰，很多住在砵兰街的老街坊仍然印象深刻，对于那个早出晚归、走街串巷的年轻人更是记忆犹新。每天天不亮，这个儒雅文静的小伙子就已经背上背包，拉上拉杆箱奔赴"战场"了，直到夜里甚至凌晨才回来。每天 15 个小时的工作量对王卫来说是家常便饭，直到顺丰成为中国民营快递的领军企业，这个工作量仍被他保持着。

正所谓"君王勉励前，谁敢不争先"，作为顺丰创始人，王卫为员工带了一个好头。他的坚持和努力不仅带动了顺丰的成长，也间接地为砵兰街带来了更多商机，每天热热闹闹的商业气氛使这条街道也跟着日渐繁华起来，不仅物流公司多了，各行各业的商铺也陆陆续续涌了进来。

20 世纪 90 年代，电子通讯技术手段并不发达，导航还是一个非常遥远的概念。因此，王卫和他的同事们仍然只能依靠最传统的认路方式，在他们走遍的一条条街巷和磨损的一个个背包、拉杆箱的背后，还有无数张被翻烂了的广东省内各市地图。

好在功夫不负有心人，本着"做好业务"的信念，很快，顺丰就从一个网点发展到了几个网点，并凭借快速、精准的服务在客户群体中赢得了一片好评。和同行的讥讽相比，如果说当时真的有一种声音是能引起王卫在意的，那就是客户的反馈，因为这些声音才能最真实地反映出企业存在的问题和应该继续发挥的优势。

新网点的诞生让王卫有了信心，从点到线的发展思路也从此开始。

随后，顺丰正式开通了三条重要的快递路线，分别是顺德到香港的陆路口岸、番禺到香港的快船以及番禺到澳门的快船。在这些经济发达地区，顺丰得以在繁荣的市场环境下迅速占领快递市场，并先后在广东各地建立起多个网点，和前几次创业相比，王卫的这次尝试似乎格外顺利。

割肉抢地，逐鹿华南

有机遇的地方就会有竞争，有竞争的地方就有优胜劣汰。20 世纪90 年代，在国内快递行业发展初期，利益的诱惑和巨大的行业发展空间让越来越多的商人感知到了金钱的味道。尚未成型的行业结构和等待挖掘的市场潜力成为吸引更多人加入到快递行业的理由。一时间，广东跟风做快递的越来越多，王卫和他的公司面临着创业以来的第一轮抢滩之战。

为了让顺丰站稳脚跟，王卫意识到，一味埋头苦干已经不足以应对这些一夜之间遍布街头的竞争者们了，他必须想出应对之策，才能在杂乱、残酷的竞争中和顺丰一起活下来。为此，他采用的办法就是我们今天所熟悉的价格战。

价格战作为市场经济下最基本的竞争形式之一，也是最容易应用的竞争形式。长期以来，价格战都具有杀伤力强、短平快等诸多特点，因此常常成为商人们在抢滩初期所乐于使用的手段。但是无底线的价格战会在很大程度上破坏行业规则，甚至导致服务品质下降，因此，这场对于双方来说都会带来消耗的战争必须尽快结束。为了能以最快的速度划分出更大的势力范围，尽可能地占有更多的市场份额，王卫舍弃了暂时的利益，开始了一场"割肉抢地"的势力范围争夺战。

这场残酷的竞争可以说是"杀敌一千，自损八百"。为了拉住客户，别人送一件货要 70 元，王卫就只收 40 元；偏远的地方，很多商家面对高价诱惑也不愿意去，王卫不仅降低了收货价格，而且多偏远的地方都会去。与此同时，顺丰还开始在国内各地招募合伙人，迅速设立网点，就这样，顺丰很快便以价格低、服务好的优势占领了广东大部分快递市场。

1994 年，顺丰有了自己的第一辆车。1995 年，顺丰初步建立起公司的组织架构，成立了财务部，有了自己的车队，还设立了两名副总经理，其中一位负责小榄、石岐、江门、容奇四个地方的网点；另一位副总经理负责番禺、南海、惠州、深圳四个地方的网点。1996 年，顺丰员工管理手册诞生，东莞网点成立……

一边是新同行的不断加入、试水和搅局，另一边是广东省内顺丰网点的全面建立，王卫秉承着"逢山开路，遇水架桥"的精神，终于在这场残酷的战争中"割据一方"，得以存活。

对于任何一个行业来说，价格战都不可能成为持久战中的最佳选择。低价只能在一定程度上打击对手并在短时间内占领市场，却无法使一家企业稳步向前发展。以"牺牲利润"为代价来获取营业额的增长方式，无异于饮鸩止渴、竭泽而渔。时间长了，利润减少，势必会导致企业发展后劲不足，对行业品质的提升也有百害而无一利。

因此，在"势力范围"基本划分以后，先于其他人意识到价格战将会带来危害的王卫，立刻使出了顺丰的另一个撒手锏——服务。这个撒手锏的出现是顺丰在市场争夺战中的绝杀技。直到今天，顺丰的服务也是有口皆碑，那是因为在二十几年前的攻城略地中，顺丰早已把"服务"作为核心竞争力之一。

王卫深知，这些新的快递公司的诞生，正是由于两地商人们对"快速、准确、安全"的快递运输有强大的需求，服务是不可或缺的硬实力，价格只是一个小门槛。因此，在竞争对手出现时，顺丰依然以客户需求为先，在行业服务规范尚未形成的时候，顺丰的服务准则几乎可以说是"尽可能地满足客户的一切需求"，这使顺丰在这次竞争中得以脱颖而出，理想的种子也终于在狂风暴雨中落地生根，日渐茁壮。

有了规模，有了服务保障，市场自然会倾向顺丰这边。1996年，这位亲临战场的创始人以逢敌亮剑的勇气和魄力，顺利带领这个被他视为"儿子"的公司突出重围，当时距离香港回归还有一年的时间，创业仅三年，在香港街头，顺丰快递员和各式各样的快递车已经随处可见。

为了尽快将业务网铺开，王卫采取了合作或代理的方式在全国各地建立网点。1996年，王卫正式以顺德为起点，将业务触角向广东省外延伸，一路蔓延至长三角地区，并继续北上，以复制业务的模式悄然间扩张到了华中、西南、华北等地区。

在广东之外，这些散落在国内各地的网点由当地负责人负责，类似于今天所说的加盟商或代理人，他们自负盈亏，并从自己的利润中给王卫上缴一定比例的数额，剩余的利润为自己所得。

某种程度上来说，一个企业最勤劳的员工有时候恰恰是它的老板，对这些刚刚建立起来的快递网点来说，这条定律更加适用。快递行业发展初期，利益的驱使和自负盈亏的压力，使这些网点负责人不可能不卖力。

就这样，顺丰以稳扎稳打的步伐成功地在几年时间内迅速扩张，建立起了一张遍布全国的快递网络，相较于同时期在广东创业的其他快递公司，顺丰的成长和壮大是迅速的，甚至是野蛮生长，扎根深而且盘根错节。

至此，顺丰以主打"香港低价快件"的方式，几乎垄断了整个深港货运，70%的深港两地陆路快递业务都属于顺丰，这也使顺丰成了华南地区名副其实的快递行业拓荒者。2002年，顺丰总部在深圳正式设立。这是中国拥有口岸数量最多、出入境人员最多的口岸城市。总部的设立，使顺丰在地理优势上又迈上了一个新的台阶，随之，一场新的快递业革命正在酝酿。

"削藩收权"，转入直营

古语有云："欲思其利，必虑其害；欲思其成，必虑其败。"通俗一点儿来说就是，那些能带给你利益和支撑的东西，有一天也许会成为你的掣肘，甚至带来危害。凡事都有两面，犹如利剑亦有双刃，对于顺丰来说，当初那些以合作或代理模式辛苦建立起来的、散落在国内各地的顺丰网点，此时已在硝烟四起的沙场上成了王卫的心头之患。

这些蠢蠢欲动想要"自立为王"的网点，犹如古代的藩镇一般，随着自身实力的壮大，渐渐不受总部控制。

地方势力的壮大一旦超越一个度，就会成为总部的隐患。各"藩镇"拥兵自重、分踞一方的形势足以让人睡不着觉。在民营快递尚未得到国家法律法规的认可，还以"黑快递"的身份存在于市场中时，利益的驱使和竞争的逼迫让越来越多的人开始对这块"肥肉"感到眼红。地方网点的失控给机警敏锐的王卫敲响了警钟，为了收复失地，一场暗中进行又轰轰烈烈的收权行动在顺丰内部正式打响了。

众所周知，我国民营快递行业的经营模式有两种：一种是直营制，代表企业是收权以后的顺丰；另一种是加盟制，代表企业是同样被我们熟知的"四通一达"。在顺丰顺利转入直营制之前，王卫也走过一段加盟制的道路，这条路让王卫迅速在全国各地占有了市场份额，但也给顺丰的后续发展带来了致命的威胁。因此，从加盟转入直营，是二十多岁的王卫为顺丰做的另一个重要决定——"削藩收权"。这个决定影响了顺丰未来二十几年的走向。

在介绍这场"削藩行动"之前，我们有必要先了解一下加盟制和直营制的区别与利弊。

所谓加盟制，是指快递公司在每个设立了网点的地区找一个加盟商，业务经营和企业盈亏都交给加盟商全权代理，快递公司为加盟商提供的是品牌、管理和成熟的物流模式，总部只从中收取加盟费。

这种模式的好处是加盟商投入小、起步速度快，对于刚刚起步、还在抢占市场的阶段是十分有利的。公司业务网络的布局将借助这种便捷、简单的方式迅速达成。因此，加盟制也成了民营快递发展之初众多快递公司的选择，甚至成为我国民营快递的一大经营特色。

所谓直营制，指的是快递公司总部主管经营、投资以及各分公司。其优势是管理严格、控制力强、易实现服务标准化等。但"欲戴皇冠，必承其重"，直营模式最大的弊端是投资巨大，且需要长期完善的规划，发展速度相对较慢。

由此可见，对于刚起步的公司来说，直营模式并不是最优选择。所以，顺丰在首轮市场竞争中也优先选择了加盟制，才有了珠三角地区、长三角地区以及华中、西南和华北地区大大小小的加盟点，这些加盟点的诞生为顺丰初期的发展立下了汗马功劳。

然而，地方加盟商的迅猛发展让各地负责人看到了诱人的经济收益，几十颗蠢蠢欲动的野心正在计划着从顺丰分离出来甚至吞食总部。这种变化使顺丰总部渐渐丧失了控制力，各网点也大有"割据一方"的态势，想要在此时实现统一管理已经是痴人说梦。

同时，受到当地经济发展状况的影响，全国各地网点发展状况也参差不齐，有的网点负责人为了获取利益，擅自夹带私货，个别发展势头迅猛的更是"功高盖主"，直接自立为王，从顺丰网点负责人摇身一变成了王卫亲自培养出来的竞争对手。混乱的发展局面势必导致服务无法统一化、规范化，口碑的迅速下降对企业来说更是巨大的损伤。负责人们这一系列的操作令王卫忍无可忍，收权行动一触即发。

　　但是，这场行动并没有想象中那么容易，因利而聚、利尽而散的商海中，谁动了谁的奶酪都将引起一场腥风血雨。对于进入快速上升通道的顺丰来说，在 1996 年前后，顺丰快递员的收入已经相当可观，甚至在广东地区形成了示范效应。作为快递行业新玩家中的一员，王卫的开局格外漂亮。这也是在众多快递公司都采用加盟模式下，顺丰加盟商却成为心头大患的原因之一。王卫的收权行动直接损害了加盟商们的利益，反抗是意料之中的事。

　　加盟商的不满和抵抗成了王卫收权过程中最大的障碍，他们不仅不愿意交回手中的权力，甚至有传言称，为了保住自己的权力不被收回，个别加盟商还曾雇用境外杀手，企图暗杀王卫。虽传闻未经证实，但足以看出这条路有多么艰难、凶险。

　　这场收权行动进行得非常坚决而迅速，力度之大可谓顺丰发展史上空前的一次，因此激起了强烈的反抗。个别地区，由于收权受阻，王卫痛下决心，干脆暂停了顺丰在当地的所有业务，这更加激起了该地区加盟商的强烈不满。据传，有加盟商曾带人开车在高速公路上狂追王卫几十公里，但王卫依然坚持自己的决定，雷厉风行，绝不拖泥带水，在底线面前，他没有丝毫让步。

　　在这场行动中，压力最大、内心最恐惧的人其实并不是那些利益受损的加盟商们，而是眼看着加盟商们自立山头，揭竿而起，随时可能和顺丰分庭抗礼的王卫。后来，谈到当年的形势，王卫毫不避讳地说：“顺丰提出差异化经营后，承包网点收回直营便遇到了很多麻烦。当时一个承包网点就是一个小王国，根治这些问题，压力非常大。”

　　这种“先合作，后收购”的强势整合就像一块难啃的骨头，历经几年才得以完成。2002 年，32 岁的王卫在千难万险中终于完全收回了顺丰的管理权，顺丰的组织架构和各分公司的产权也逐渐明晰起来。这场行动让王卫看到了利益驱使下，分权将会带来的致命危机和隐患。从此以后，他铁了心要让顺丰实现“独裁统治”，公司的话语权和控制权终于再一次回到了自己手里，也是这个决定使顺丰进入了一个新的时期。

2002 年，深圳总部的设立、"地方"权力的收回，以及国内高端快递的定位，是这场行动最直接的回报，转入直营制的顺丰开始正式向华东拓展，进而继续向北，华北、东北地区先后出现了越来越多的网点，顺丰从点到线、从线到面的发展格局正在形成，一张辐射全国的大网已经慢慢铺开。同年，脱胎换骨的顺丰在全国拥有了 180 个网点。

但是，直营模式自身的弊端也在接下来的日子里快速暴露出来，巨大的资金投入和企业管理规划的耗时耗力，对王卫来说是另一重大挑战。身为民营快递，顺丰自身的实力无法与国有快递 EMS 相比，而其他民营快递均采用加盟模式。一时间，那个曾被传闻顶着"被暗杀"的危险收回企业大权的人，又被迫陷入孤立无援的境地之中，颇有一种"天将降大任于斯人也，必先苦其心志"的味道。

转入直营模式以后，网点的扩张需要巨大的资金投入，全体员工的工资也都由顺丰总部统一发放，明晰的公司架构和组织规划，统一管理以及服务标准化是这一时期的顺丰需要完成的艰巨任务。面对资金运作和管理难题，颇有经商天分的王卫迅速想出了两个应对之策。

第一个对策是"承包制"。所谓承包，其实也是企业经营的一种合作方式，指的是企业与承包者之间订立承包经营合同，将企业的"经营管理权"全部或部分在一定期限内交给承包者，由承包者对企业进行经营管理，并承担经营风险以及获取企业收益的行为。

王卫在顺丰内部实行的"承包制"更加简单直观，他将经营管理权分派到快递员身上，每个快递员都有属于自己的片区，负责这个片区的业务量，任何人都不会互相抢占市场，只需要把自己负责的片区经营好。如果一段时间内某个片区的业绩不乐观，那么负责这个片区的快递员就会被换掉。如此优胜劣汰，不仅提高了员工的工作积极性，而且能在掌握管理权的基础上，使每一个片区的业务都得到更好的发展，可谓一箭双雕。

第二个对策是"收一派二"。"收一派二"在快递行业内部是一句行话，也是顺丰速运特有的新规。这条新规不仅对快递员有了更加严格的要求，也再一次刷新了顺丰的速度，提高了收派效率。

具体来讲，"收一派二"指的是顺丰快递员在收到客户下单的信息之后，必须在 1 小时内完成收件工作；在派件时，必须在 2 小时内把出仓的快件派送到客户手中，否则会被视为"逾限"。王卫很有创意地将"收一派二"和快递员的薪资挂钩，采用计件工资制度，也就是说，派件越多，赚的就越多，且上不封顶。这种直接和薪资挂钩的激励制度，一方面提升了顺丰的服务效率，另一方面也最大限度地调动起快递员的工作积极性。

以上两个对策，弥补了直营模式自身的不足，缓解了转入直营模式后顺丰长足发展所要面临的巨大压力。一个快递王国自此悄然崛起。在顺丰崛起的过程中，王卫将临危不乱的商人素养和良好的应变能力展挥得淋漓尽致。商业头脑是一个优秀企业家的基本素养，良好的应对能力和强大的抗压能力更是不可或缺的。从创业之初的勇于尝试，到跑马圈地的奋力出击，从危机四伏的突围之战，到收权行动的血雨腥风，王卫一直以沉着冷静之态迎接着一次又一次严峻的挑战，并在一次次挑战中日渐强大起来，让人们看见了一颗勇敢而智慧的心。

低调神秘的创始人

读过金庸武侠小说《天龙八部》的人应该都知道"扫地僧"这个角色，一位在少林寺负责打扫藏经阁的无名老僧人，武功却深不可测，且具有大智慧。这样的人在江湖中自然是神秘又让人畏惧。可以说，王卫便是国内知名企业中最低调的创始人之一，也是快递行业的"扫地僧"。

1995 年 2 月，中国企业界迎来了第一个高光时刻。美国《福布斯》首次发表了中国内地亿万富豪榜，上榜的人共有 19 位，那是人们第一次公开探讨"谁是当今中国内地最富有的人"这个话题。2003 年，离开《福布斯》的英国青年胡润又在中国推出了"胡润百富榜"。富豪榜的诞生和对财富的崇拜，让众多企业创始人成了世纪之交最引人注目的群星。

进入到 21 世纪以后，随着传播媒介的发展和网络时代的盛行，这些人越来越被公众熟知，不仅其成功经验被广为传诵，甚至连个人生活也成为公众的谈资。此时的王卫刚刚在深圳成立顺丰总部，距离登上这个被人们广泛关注并热议的榜单，还有很长的一段路要走。

自富豪榜在中国内地出现以后，出于对财富的追求和对成功的渴望，很多企业创始人都开始对媒体采访、企业曝光率表现出十足的热情。国内知名企业创始人的照片也常常见诸报端和荧幕，成为人们广为称颂甚至膜拜的对象。很多媒体开始向王卫发出采访请求，但都被王卫拒绝了。

随着媒体的不断挖掘，越来越多的成功人士被曝光在公众视野内，唯独王卫打破了这条定律。尽管新闻界对这位年轻有为的创始人始终抱有采访的热情和十足的好奇，可王卫却总是让人无法靠近，甚至在很多同行的眼中，他也是个很神秘的人。

当福布斯中国内地亿万富豪榜首次出现在公众视野，并将财富的力量烘托到顶点的时候，1995 年，国际快递巨头 TNT 向王卫提出了并购顺丰的请求。当时的顺丰刚刚成立两年，无论是人员配置还是业务开展都算不上成熟，甚至连初具规模都算不上，因此，TNT 一方应该是抱着必胜的信心提出这一请求的。不料，25 岁的王卫竟然非常干脆地拒绝了。

小快递公司的年轻老板拒绝国际快递巨头的并购请求一事很快在业内传开了，这让很多人感到震惊。后来，某风投公司也看好了顺丰速运的发展前景，想要为顺丰注资，但王卫连和对方代表见面的机会都不给。以至于该公司对外开出了 50 万的价码作为邀约王卫的中介费，称谁能邀请到王卫吃顿饭，这 50 万就给谁。然而到最后，这笔天价中介费也没人能够领走。

但是，意向合作方们并没有放弃争取机会，美国花旗银行就在这时开出了更高的价码——1000 万美元的佣金，这笔巨资将给予能让王卫同意和花旗银行有一次合作机会的任何一个中介方。结果当然也是以失败告终。

就这样，"50 万饭局""1000 万美元的中介费"很快就被传开了，"难合作""难邀约"成了王卫不可摆脱的标签。

合作方求合作被拒之门外，同行巨头想并购也是无功而返，企业家之间见个面总可以吧？大概是抱着这种心态，媒体曝光率很高的阿里巴巴创始人马云向这个神秘的顺丰总裁发出了秘密邀约，没想到王卫依然没有露面。后来据一些报道澄清，当时，顺丰正处于激战阶段，忙着扩展业务、占领地盘，因此无暇分身的王卫才拒绝了这两次邀请。

顺丰总部成立以后，这个年轻的老板就更让媒体感到好奇了，为了一睹王卫真容，香港出了名的"狗仔队"不惜在顺丰总部大楼外蹲守数月，无果，不甘心，最后只好通过应聘到顺丰做快递员当"卧底"的方式等待时机。据传闻，这位香港记者在收派了三百多个快件以后，终于在公司见到并抓拍了一张王卫模糊的照片。从抓拍的照片上来看，这是一个温和儒雅的男人。

如今，作为中国民营快递中规模最大、员工数量最多的快递公司，顺丰麾下已有二十几万名员工，如何实现管理标准化、规范化，如何保证服务统一化，如何提升企业管理水平、打造企业文化，给员工归属感和幸福感，这些问题都需要王卫考虑。因此，同为企业家的马云在两次邀约未果的情况下，依然对这个深港神秘人表达了敬佩之意。

2011年，广州《羊城晚报》的记者向王卫发出了采访邀请，也许是考虑到顺丰起家于广东，低调的他终于打破了个人纪录，首次接受媒体采访。面对记者，他坦言，自己这次是"豁出去"了，但即便这样说，却也只是承诺知无不言，言无不尽，他的要求仍然是"不许拍照"。

第二章

逆风飞翔：从码头到蓝天

2003 年，"非典"疫情的突然袭击使我国各行各业都陷入了举步维艰的境地，在民营快递刚刚看见希望的那个春天，这场天灾的降临让所有人都感到措手不及。位于"非典"重灾区的顺丰也经受着更加严峻的考验。令人震惊的是，王卫却在这场疫情中看到了为顺丰蓄力的契机，将"因势利导"发挥得淋漓尽致。也是从那一年开始，顺丰进入了全面提速阶段，真正实现了"从码头到蓝天"的飞跃。

民营企业航空速运开创者

2003 年 2 月起，随着广东省内"非典"死亡病例的出现，广东人都不敢贸然出门，加之政府提倡居家隔离，减少外出活动，避免到人口聚集的地方引起病毒传播，因此那一年，我国民航增速骤然下降。4 月以后，疫情愈演愈烈，政府也开始采取多种措施避免病毒的进一步扩散，民航运输业在此时呈现了断崖式下跌。往年的五一黄金周本是人山人海、全民出游的旅游旺季，但是 2003 年的 5 月，全国一片冷清，所有人都被笼罩在人心惶惶的氛围里，无心出游，中国民航也因此遭遇了几十年来最为惨烈的冲击。

民航业的萧条让伺机而动的王卫在这个非常时期看到了顺丰的生机。作为以联邦快递（FedEx）为理想目标的速运企业，2003 年这场公共卫生事件的爆发在无意中给了王卫向理想目标靠近的机会。

联邦快递公司作为国际快递巨擘，在当时已经有着非常悠久的经营历史。1971 年，在美国阿肯色州小石城，弗雷德·史密斯创立了联邦快递。1973 年，该公司迁往田纳西州孟菲斯，开始为 25 个城市提供快递服务。和王卫不同的是，弗雷德·史密斯是个标准的富二代，1965 年，在创立联邦快递之前，曾在耶鲁大学攻读经济学和政治学的他就通过研究分析美国的运输体系，设想用货运飞机来运输包裹以提高时效，为客户提供更高效、快捷的运输服务了。联邦快递成立以后，为了实现学生时代的伟大设想，弗雷德·史密斯专注于用飞机送快递，力求实现"次日送达"。在经历了一系列探索和磨难后，联邦快递终于成了美国航空快运行业的开创者。

但是在我国，受多方因素的制约，以其为理想目标的顺丰却始终没能在速度上实现质的飞跃。2003 年，民航价格的暴跌使航空运输不再是遥远的梦。审时度势的王卫抓准时机与扬子江快运签订了 5 架波音 737 全货机的包机协议，随后又与多家航空公司签署协议，拥有了对方旗下飞机的专用腹舱使用权。创业十年，王卫的这个决定使顺丰一夜之间成为国内第一家使用全货运专机的民营快递公司，自此，顺丰的发展进入了全面提速阶段。

不过顺丰的全力发展并不仅仅是依靠速度的提升。当时，疫情虽然导致航空业的萧条，但也为我国电子商务和快递行业的崛起提供了机会。在那个大多数人还停留在线下实体店购物的年代，"非典"的到来打乱了人们正常的生活节奏。一方面，老百姓出门购物的欲望大大降低；另一方面，基本的购物需求仍然存在。于是，电子购物和快递就成了"非典"时期的最佳选择。

顺丰正处于"非典"重灾区，又早已垄断了深港地区的快递业务，一时间，业务量不断增加。一边是营业额的扩大，一边是租用飞机后的全面提速，顺丰瞬间成了"非典"疫情下快递行业最大的赢家。

另一方面，租用飞机的决定也成功地为顺丰的网点再扩张开辟了道路。顺丰的全面提速使其在扩展华东、华北地区的网点时更加顺利，势如破竹。当时除了国有快递 EMS 开展了航空业务外，其他快递公司都还在采用陆运的方式。作为"国家队选手"的 EMS 早在 20 世纪 80 年代就已经成立了航空公司，但发展一直不温不火。因此，2003 年的快递市场上只有顺丰一枝独秀。

随后，广州、上海、杭州三大顺丰集散中心先后建立，货量的暴增、速度的提升，让顺丰进入了良性循环，包机的成本也被越来越多的快递业务量逐渐抵消，无人匹敌的速度优势让顺丰以"低价香港件做主打产品"的策略再次发挥效用，以至于迅速横扫华东乃至整个中国大地，两百多个网点布局就这样迅速而顺利地完成了，顺丰自此成了名副其实的全国性快递公司。

2003 年 6 月 24 日，"非典"一役终于告一段落，世界卫生组织宣布解除对北京的旅游警告。抗击疫情的迅速和成功，让世界对这个东方大国刮目相看。令人欣喜的是，据统计，疫情过后的中国经济增长居然没有受到太大影响，甚至在第三季度实现了强劲的反弹。虽然疫情导致部分行业严重受损，但是药品、食品、纺织等产业却在这个特殊的时期迎来了意料之外的商机。和它们同样"幸运"的，当然也包括在这次疫情中大大提升了硬件设施水平的顺丰。王卫以其对时机的敏锐洞察和把握，带领顺丰华丽变身，一跃而成了国内首屈一指的、以经营速度为傲的速运企业。

有人说，王卫的机遇好，是"非典"的影响使其顺利实现了包机运送快递的梦想。但据《晋书·慕容垂载记》："时来易失，趁机在速。"2003 年的"非典"疫作为一次轰动全球的公共卫生事件，对很多行业造成的影响都是一样的，危机中蕴藏的生机也是一样的，然而真正能在特殊时期冷静分析局势，抓住机遇的却是极少数人。如果说创业时期的王卫是占了"天时、地利、人和"的优势，那么"非典"时期的他则是名副其实的"识时务者"，是真正的"君子藏器于身，待时而动"。

"自立为王"的顺丰航空

顺丰租用飞机以后，运输速度显著提升，快递业务呈稳步增长态势。"非典"也终于在2003年夏天结束，全国各行各业等待着经济回暖复苏，全国人民的生活也逐渐回归正轨。

从2004年开始，顺丰速运的优势开始显现，根据数据显示，自2004年至2008年这4年间，顺丰集团航空业务增长幅度年均高达70%。然而和几年前一样，利益和金钱的味道又引来了另一批行业内的跟风者。自2004年开始，各快递公司纷纷加入了租用飞机的行列，它们的加入不仅使航空价格水涨船高，也为不远的将来一场关于航空势力范围争夺战的爆发埋下了伏笔。

竞争对手的加入立刻引起了王卫的警觉。当时，顺丰租用的几架飞机已经无法满足与日俱增的快递业务需求，是继续租飞机，还是想其他办法来满足需求、提升实力？这个决定等着王卫来做。

如果继续租用货运专机，随着越来越多的快递公司的加入，日益高昂的租赁费用势必会压缩利润空间，顺丰也会越来越被动；如果直接购买飞机，成立属于自己的航空公司，那就需要一笔很大的投资，而且在使用过程中所需要支付的维修、燃料、人员、机场使用等费用也是一笔不小的开销。但是这样一来，不仅可以将主动权完全掌握在自己手里，也可以和顺丰的直营模式完美结合，最大化地实现服务标准化，这是其他快递公司无法匹敌的。

经过一番深思熟虑之后，一向果决而有魄力的王卫毅然决定购买飞机，成立顺丰自己的航空公司。

2009年2月9日，由顺丰速运（集团）有限公司和深圳市泰海投资有限公司共同出资的顺丰航空有限公司（简称"顺丰航空"）经民航局正式批准筹建。2009年12月31日，顺丰首架飞机顺利起飞。从此，顺丰逐步掌握了使用自有货运专机的主动权。王卫的这一举措，也开创了中国民营快递自购飞机的先河，不仅如此，直到今天，顺丰航空仍然是国内最大的航空货运公司。

顺丰航空正式获准运营以后，王卫采取了"趁热打铁"的策略，在短短几年内迅速扩充机队规模。

2010年3月22日，按照销售合同，在中国国际航空股份有限公司（Air China Limited，简称"国航"）西南分公司服役了近17年的B-2832号波音757-200型飞机，顺利执行完最后一次客运航班任务之后，正式交付顺丰航空公司。

2011年5月18日22时，顺丰航空第三架波音757-200型全货机正式加入顺丰航空机队。23点30分，顺丰第四架自有全货机，也是第一架波音737-300飞机降落在深圳宝安国际机场……一个快递业的航空帝国正在成长壮大。

2011年，公告披露，随着机队规模的扩大，根据业务发展的需要，顺丰速运（集团）有限公司以货币形式增资人民币4亿元注入顺丰航空。增资后，顺丰航空的注册资本由人民币1亿元变更为人民币5亿元，顺丰速运（集团）有限公司持股比例由25%变更为85%，深圳市泰海投资有限公司持股比例由75%变更为15%。

此后几年间，顺丰又连续大手笔购买了多架全货机，2012年，顺丰机队规模增长至10架；2016年，增长至30架；2017年增长至40架；2018年，机队规模增长至50架。短短十几年间，顺丰以稳步发展、强势扩张的态势，成了名副其实的航空速运标杆。

2020年，根据中国民航网最新的通讯报道，7月19日，一架注册号为 B-20EF 的 B757-200 型全货机正式入列，自此，顺丰航空机队规模正式增长至 60 架。这不仅是顺丰发展历程中的又一块里程碑，同时也标志着顺丰航空运货能力迈上了新的台阶，航空梯队的壮大也成了顺丰在国际物流供应链建设中的核心支撑。2021 年 1 月 18 日，顺丰航空第 63 架全货机（B676-300，B-220H）也完成了客改货程序，正式加入顺丰机队。顺丰官博称，新运力计划投入区域枢纽航线，为即将到来的快递物流"春运"高峰助力。

在国际市场方面，早在 2010 年，顺丰就已经开始向海外进军了，首先，在韩国和新加坡开通了快递派送业务；2011 年，顺丰又在马来西亚和日本同时开设了营业网点；2012 年，顺丰在美国的营业网点正式开通；2013 年，泰国也有了顺丰的营业网点。截至 2015 年，顺丰速运的业务已经覆盖全球两百多个国家和地区。海外市场的开拓给顺丰带来了更多的关注度。

所谓"十年磨一剑"，从 2009 年顺丰航空获准运营到今天，王卫始终不忘初心，在硬件设施的提升上孜孜以求。不仅如此，在强势扩张的同时，王卫也一直认真贯彻着"安全第一、预防为主"的方针，真抓严管，致力于保障快递产品的空运安全。

如果说从顺丰成立到借力"非典"全面提速是王卫和顺丰的"第一个十年"，那么从顺丰航空获准运营到成为坐拥 60 架飞机的快递航母，就是顺丰的"第二个十年"。在这两个意义非凡的十年里，王卫的远见卓识和极强的行动力让业内很多同行都感到钦佩。在后来的一场酝酿已久的空中争霸战中，单方面挑起战争的 EMS 迅速落败，总结这场争霸战，王卫的深谋远虑则再次为业内所叹服。

不战而胜的"航空争霸赛"

提起EMS，人们早已不再陌生，作为万国邮联管理下的国际邮件快递服务，EMS在中国境内由中国邮政提供快递服务。同时，作为我国国有快递企业，从成立之初就具有得天独厚的地位和品牌优势，并一直以高质量的服务为用户传递国际、国内紧急信函、文件资料、金融票据、商品货样等各类文件资料及物品。

和民营快递相比，EMS不仅占据政策优势，还拥有首屈一指的航空和陆运运输网络，这个覆盖面最广的网络体系曾是EMS实现国内三百多个城市的"次晨达""次日递"等服务的有力保障。在航空运输方面，EMS早在2001年就已经开通了邮政运输航线，18架全货机曾经是EMS在世纪之交最引以为傲的核心竞争力。

此外，依托中国邮政航空公司，EMS还建立了以南京为集散中心的全夜航航空集散网。不难看出，强大的航空运力以及自成体系的集散式航线网络曾经让这个老牌的国有企业独占鳌头。

2010年6月，经国务院批准，EMS作为由中国邮政集团公司发起设立的股份制公司，成了中国经营历史最悠久、规模最大、网络覆盖范围最广、业务品种最丰富的快递物流综合服务提供商。

先天的"血脉"优势和航空运力的支撑，以及货物丢失损坏率低、安全性高的自身实力，曾经让EMS长时间占据着可观的市场份额。既然拥有如此令人钦羡的地位，EMS又怎么会和顺丰擦出火花打起空战呢？这一切还要从 EMS 的自身特点讲起。

首先，身为国有快递公司，在定价方面，EMS 的灵活性远不如那些曾经靠价格战拼杀出地盘的民营快递公司。在市场经济环境下，民营企业的定价自由度要远高于国有企业，根据市场反馈做出调整是民营企业的先天优势，客户也一定会选择价格低廉的一方。因此，民营快递的出现在很大程度上分食了原本只属于 EMS 的广袤市场；其次，随着互联网技术的传入和发展，物流网络信息的概念越来越普及化，和民营企业相比，EMS 的网站查询业务仍有待完善，网络信息的不健全是互联网时代 EMS 的致命伤之一；而在调动员工积极性方面，也不如民营企业。

抛去先天不足，从用户体验来看，EMS 也"有苦难言"。鉴于其国企身份，在追求经济效益的同时，EMS 也要把社会效益放在首位，因此无论多偏远的地区都有 EMS 的网点。从事实层面上来看，这是好事，但偏远地区运力不足，速度慢也是客观存在的问题，久而久之，受客观因素制约所带来的运送速度慢、人员不足等问题也渐渐暴露，用户体验随之下降。而民营快递就是另一番景象了，它们所辐射的网点大多交通便利、运力充足，加上"航空战争"的爆发所带来的集体增速，让民营企业的整体用户体验越来越好。

以上种种，使 EMS 在发展变化的大局势面前不能不急于做出调整和改变，顺丰和其他几家快递公司的全力追逐令这个曾经雄霸全国的、有着悠久经营历史的国有企业感到了前所未有的担忧。因此，早在顺丰购买飞机成立自有航空公司之前，EMS 就单方面挑起了一次"竞速战"，企图在速度上与顺丰一较高下，夺回自己快递老大哥的地位。

为了打赢这场"战争"，EMS 购置了大量的运输车辆，并招聘了大量的一线快递员，企图在短时间内给顺丰一个迎头痛击。看起来这将是一场轰轰烈烈的速度之战，但结果却出人意料。受制于自身有限的分拣和投递能力，对现有实力的错误评估，让"宣战"以后的 EMS 陷入了异常被动的局面，运力需求的增加已是雪上加霜，连锁反应所带来的用户体验变差更是令人尴尬。这场"战争"，不仅没能让 EMS 在速度上超越顺丰，反而引来了更差的市场反馈。一时间，很多老客户也转向了顺丰及其他民营快递。于是，一场由 EMS 主动发起的蓄力战，就这样以顺丰不战而胜的结果草草收场了。

2013 年，顺丰步步紧逼，王卫提出了一个让人感到恐惧的奋斗目标。王卫明确指出，虽然顺丰在航空运输领域上已经占有极大的优势，但这并不会成为顺丰放慢脚步的理由。因此，他给自己设立了一个远大的目标，如果这个目标得以实现，那么到 2021 年，顺丰很可能成为占有中国航空快递（货运）三分之二市场份额的超级霸主。

如果说当年被人戏称为"老鼠会"的顺丰可以不被放在眼里，那么经过了十几年生死较量之后，每次都能化险为夷、傲视苍穹的顺丰领头人如今已不容小觑。这个总是跑在别人前面的男人，以其准确的判断力和执行力，让整个行业肃然起敬。从那以后，王卫提出的目标和愿景不再被人看作是"异想天开"的大胆设想了，顺丰的每一个举动无时无刻不牵动着其他竞争对手的心，甚至让人坐立难安。

也是在此时，王卫又提出了一个听起来很美好的快递业蓝图规划——"航空物流未来势力范围瓜分图"。这个规划，让所有人都感到血脉偾张。这是当下最值得期待和憧憬的蓝图，是快递业争锋之战中最核心的交锋点。在越来越追求"速度"的时代，谁掌握了"制空权"，谁就占据了未来快递市场的战略制高点。

"工欲善其事，必先利其器。"为了占据更大的航空物流份额，2013 年 4 月，EMS 从山东航空股份有限公司购买了 5 架二手波音 737 货机；2013 年 8 月，又与中国国际货运航空签署了 4 架波音 757 货机的包机协议。在此之前，它的航空梯队一直是依靠融资性租赁和经营性租赁的飞机来支撑的，此次斥巨资购买二手货机，可见决心之大。

需要指出的是，在这场关于"制空权"的争夺战中，王卫似乎早有先招。回顾顺丰的"腾飞"之路不难发现,顺丰的航空梯队一直以波音 757 机型为主力,这是因为,相比于波音 737,波音 757 无论是在载货量还是在航程方面都占据一定的优势,其性能的优越,使得波音 757 在面对复杂的气候和地理条件时的表现更令人满意。这也是 EMS 开始大手笔购入该机型货机的原因。

放眼国内外航空领域,一些地形复杂的航线均采用波音 757 机型,如我国的青藏高原航线、拉丁美洲高海拔地区的墨西哥城等地。包括联邦快递(FedEx),也一直以波音 757 作为机队主力。王卫一开始就看准了该机型的优势,并参考了国际快递公司的成功经验,深知波音 757 的经济性和适用性。因此,在这场旷日持久未分胜负的"空战"中,无论后来者如何努力,王卫在硬件设施方面的巧妙部署已为其日后的胜利奠定了良好的基础。

面对 EMS 的再次"宣战",顺丰依然保持自己低调笃行的风格,有条不紊地继续扩张营业网,并持续以大手笔购入更多的货机,强势扩充航空梯队,力求在快递业务上做深做广。同时,包括 EMS 在内的其他几家快递公司也纷纷在自有航空货运上精心布局。

根据《经济参考报》2016 年 9 月 13 日的报道,圆通快递已于 9 月 8 日与陕西省交通厅等部门签署了共同组建中国西北国际货运航空公司的合作协议,计划在陕西投资建设圆通在西北地区的快递转运中心和航空基地。这是继顺丰速运在湖北鄂州投资建设货运航空枢纽之后,又一家民营快递企业开始建设自己的航空货运网络。圆通的这一举措在当时也引起了业内的广泛关注和积极讨论。

经过几年的追赶和缠斗,如今,用飞机送快递早已不是顺丰的专利,如何在市场上成为行业带头人,如何在无差异化的运输方式中凸显自身的优势,是无论国有还是民营快递都要潜心思考的新课题。在以"速度"为核心竞争力的竞速期,无论是国有的 EMS 还是民营的顺丰和"四通一达",都在这场持久战中消耗了大量的精力和耐力。不久后,当速度已不再是消费者追求的唯一标准时，当几家快递公司的速度差异越来越小时，新的交锋点正在破土而出。这一次，王卫的剑走偏锋再度发挥了神奇的效用。

顺丰速度不只是"快"

2009 年 11 月 11 日，原本是个寻常得不能再寻常的日子。但是那一天，在互联网行业打拼多年的马云迎来了他创业以来最令人振奋的时刻。在这之前，这一天曾被人们戏称为"光棍节"。2009 年 5 月的一天，时任淘宝商城总经理的张勇，也就是后来的阿里巴巴集团总裁正和他的伙伴们策划一个类似美国感恩节大促销的活动。淘宝商城首个"双11"购物狂欢节就这样诞生了。

虽然，参与首个"双 11"活动的商家数量和促销力度都还有限，但是销售额却仍然超乎人们的想象。从那年起，每年的"双 11"就成了淘宝举办大规模促销活动的固定日期。这一天也成了中国电商史上一个不可遗忘的标志性日期，它将为中国亿万个大小电商带来一笔非常可观的财富，与之相关的快递业也将在那几天进入非常忙碌的状态。从那以后，没有多少人再记得"光棍节"，却有很多人在进入 11 月起，就开始添加自己的购物车。"双 11"的诞生也为快递业以后几年的激战和调整作了完美的铺垫。

经过十年的发展，到 2019 年，"双 11"的当日成交额已经从 0.52 亿元飙升至 2684 亿元，这种增长速度是惊人的，也是可喜的。这也是"非典"疫情后，电商的又一次华丽蜕变。如今每到"双 11"，面对商家的折扣力度和海量商品，网购订单都会瞬间激增。进入 11 月以后，人们讨论最多的也是自己的购物车，"双 11"爆仓也成了 2009 年以来每年都会登上热搜榜的话题之一。

所谓"爆仓"，顾名思义，指的是快递公司在一定时间内集中收到大量快件，但由于其人力和基础设施的投入都无法在短时间内得到提升，迅速跟上电商发展速度，因此大量快件来不及分拣，甚至被滞留在始发站或中转站，快递被派送到客户手中的时间往往要比平时慢好多天。

更糟糕的是，有时候快递公司忙中出错，快件丢失、损坏等现象也时常发生，如此一来，人们在购物热情消退以后，常常在等待快递的过程中心生不满，抱怨连天。

到 2013 年，"爆仓"愈演愈烈，为了从容应对"双 11"带来的巨大业务压力，顺丰、圆通、申通、EMS 等快递公司紧急征调了 100 多架飞机，希望借此缓解激增的订单压力。在这 100 多架飞机整装备战期间，天猫还十分自信地对外声称，以美军最流行的 F16 战斗机中队为例，一百架飞机可以组成 6 个战斗中队，可以武装两个美军航母战斗群。言外之意，无论是天猫还是快递公司都已经做好了充足的准备，共同等待着这个一年一度、令人欢喜令人忧的时刻的降临。然而即便如此，这些准备依然没能承接住 2013 年那个冬季网购消费者们的购物热情。订单暴增导致的运力不足、派送滞后的问题只在很小的程度上得到了缓解，因"爆仓"引发的诸多问题仍然亟待解决。

面对消费者铺天盖地的吐槽，在电商和快递公司叫苦不迭的时候，不走寻常路的王卫做了个让人惊讶的决定——顺丰速运一反常态地推出了速度较慢的"四日件"。

所谓"四日件"，无非是说这些快递将在四天左右的时间送到客户手中。在顺丰的官网上，对"四日件"是这样定义的："四日件"指的是面向中国境内客户推出的经济型快件服务，全程陆路运输，实现远距离递送，四日可达，运费更节省。由此可见，与降速相对应的，顺丰还在价格上做了调整，降价降速不降低服务质量的新产品能否打开突破口，拉住更多客户，赢回更多好评呢？结果当然是有目共睹的。

正所谓"丑话说在前头",顺丰的这一举动无疑是先告诉消费者，"四日件"的速度没有那么快，但是价格也没有以前那么高了。人们往往会对这样的提前告知有个心理准备，因此，在速度慢下来、价格也随之降低的同时，并不会引起过多负面情绪。

另一方面，对于淘宝商家来说，"四日件"也成了性价比更高的选择。很多商家算过一笔账，发现顺丰推出的"四日件"非常适用于重量在4千克以上的快件，虽然顺丰的首重价格要比其他快递公司的高，但是按照"四日件"的计费方式，一旦货物超过4千克，其运费将远远低于其他快递公司。这样一来，80%需要运送重量较大的物品的商家，都转而选择了服务更好的顺丰。

"四日件"推出以后，在其他几家快递公司还在"爆仓"难题中挣扎时，顺丰的陆路布局也在慢慢铺开，562条陆运线路的开通足以显示王卫的野心，从华东到华南，从东南到华中、华北地区，顺丰的陆运网络不断细化，服务范围也在不断扩张。

当然，"四日件"只是顺丰推出的一个新产品，应对棘手的"爆仓"难题，王卫的举措不止这一个。

在应对"爆仓"的问题上，王卫还充分利用"人才超市"平台，协调全国顺丰网点的运力安排，并利用分仓备货的方式，缓解"爆仓"带来的压力。此外，顺丰还十分创新地推出了针对高端电商客户的增值服务，以此化解一部分买家的不满及差评。

我们在前文讲过，顺丰转入直营模式的一大优势就是便于员工的统一管理，这是其他快递公司无法匹敌的。除了"双11"，每年春节前后也是快递高峰期。像"四通一达"这些企业，经常因快递员需要回家过年而导致人手不够，以至于派送滞后的问题频频出现。但是顺丰以其"人才市场"为优势，直接在企业内部进行人力资源调配。例如，在北京工作的黑龙江员工如果春节时需要回老家，就可以通过顺丰的人才平台发布请求，顺丰将协调黑龙江分公司临时接收该员工。这样，该员工既可以回家过节，又可以在当地继续工作；既保证了公司的快递派送运力不变，又不影响员工的正常休假。

相比之下，分仓备货的解决方案与之相类似，指的是合作商家与顺丰提供的服务系统对接，并根据自身情况查看顺丰在全国各个区域的仓库位置及货物库存，找到适合自己的服务产品。顺丰将根据商家的需求，采取分仓备货，在仓库内进行货品配送前的调拨作业，实现订单发货、包裹配送等"一条龙"服务。

这不仅大大缩短了配送距离，间接提高了送货速度，其智能化操作也符合未来的行业发展方向，一方面满足了客户需求，另一方面也帮助商家降低了人力及运输成本。

在增值服务方面，"保时达"的推出有效缓解了"爆仓"带来的差评和不满。"保时达"指的是在网购旺季运力资源有限的情况下，顺丰针对高端电商客户开辟的特殊运力服务，该服务将保证货物的准时送达。如果在承诺的派送时间内，没能将货物准时送达客户手中，顺丰会主动对消费者进行赔付，帮助合作商家挽回信誉，弥补客户心中的不满。

除了速度，我们说过，"爆仓"期间另一个棘手的问题就是丢件和货物破损。每年，商家和消费者之间都会因为这些问题扯皮，而夹在中间的快递公司更是有苦难言。

在这种情况下，顺丰及时推出了"买卖保"服务，消费者在原有的消费金额上，只要多花 1 元保费，就能给自己的快递买个保险，如果货物在运输过程中发生损坏或者丢失，商家最高可获得运费的 100 倍赔偿（最高不超过 3000 元），消费者在没有其他任何损失的情况下，将可获得最高 100 元的赔偿。

王卫的这些举措有效缓解了快递"旺季"的业务重压，顺丰的一系列推陈出新的增值服务，也为买卖双方上了"双保险"。从此以后，无论是买家、卖家，还是物流公司，各方权益都更加有保障，"双 11"的火爆也不再像从前那样让人喜忧参半了。

乱象之中如何明哲保身

新事物发展初期都会面临各种各样的问题，但是这并不会改变其强大的生命力。进入 21 世纪以后，随着电商和互联网的飞速发展，与之密切相关的物流行业也在迅速的调整和适应中暴露出各种各样的问题。

2012 年，《北京商报》一篇题为《快递业乱象：消费者叫苦不迭 处罚缺失》的文章，曝光了这样一个案例：2011 年春节前夕，北京宅急送公司将一个内含价值近 4000 元的手机包裹错发到了该公司位于通州区的东关营业点。营业点经理孙某居然偷偷将快递拆开，用砖头将手机调包后又重新封好发往了北关营业点。

这件事一经曝光立刻引起了社会的广泛讨论，造成了极其恶劣的影响，消费者对快递行业的信任度骤降。

2012 年年底，中央电视台《经济半小时》栏目再次把目光聚焦在快递乱象的话题上，一期名为《在快递公司卧底的日子》的节目将快递员的日常工作场景搬到了屏幕前，消费者看到了问题背后的真相。

在央视记者卧底的两家民营快递公司中，暴力分拣和消费者隐私泄露的问题十分突出。行业内，"大不压小，重不压轻"的码放原则以及"快件分拣脱手距离不超过 30 厘米"的规定完全被忽视，大大小小的包裹在快递员手中成了一个个自由落地甚至高空抛物，客户的隐私泄露更是司空见惯。企业内电脑管理系统的门户大开简直让电视机前身为消费者的观众们惊掉下巴，在这种松散的管理模式下，个别快递员甚至以盗取客户信息为致富手段，将这些信息倒卖给淘宝店主用于刷单，逐渐形成了一条黑色产业链。

消息一经报道，对快递行业职业操守的质疑声就从未间断，而在这次风浪中，唯一独善其身的民营快递就是顺丰。

首先，顺丰直营制的管理模式更便于企业管理和服务标准化。1999年，在那场惊心动魄的收权行动中，顺丰已经逐步从加盟制转为直营制，顺利转为直营制以后的顺丰，在企业管理方面始终严格把控，对以上乱象的打击力度和管控效果都远超其他快递公司。

另外，在价格调整方面，顺丰也比其他同行更便捷，这让王卫可以随时在价格上宣战，也可以在运力不足或业务压力超负荷时，通过提高价格的方式来控制业务量的攀升。

在企业增速方面，王卫也始终控制着顺丰的年增长幅度。2003年，当顺丰的运输工具已经从地面转移到蓝天的时候，大量的快递业务涌入了这个在非常时期突然进入航道的民营企业，对于超负荷的业务增长将为企业带来的麻烦和隐患，王卫早有预见。因此，为了保护顺丰多年来的口碑，保证服务质量稳步上升，他主动通过提高价格来抑制企业的年增长幅度，以此避免企业发展失衡。

在提高客户黏性方面，极具忧患意识的王卫不惜下血本投资硬件设施，并加强企业管理，使顺丰在速度和服务上始终遥遥领先，让老客户不走，新客户涌入。同时，为了提高快递员们的自身素质和职业操守，在提高薪资水平的同时，顺丰还在管理层面下了很大的功夫，采用薪资和管理制度两条腿走路的方式牵动服务人员的心。

在招聘员工时，顺丰更是提高了对应聘者的要求，同时，给予符合岗位要求的员工可观的薪资和完善的福利保障。当一线员工的收入和自身劳动成正比、公司福利也能满足员工的基本生活需求时，他们不仅会有更大的积极性和忠诚度，而且，"见财起意"、私自调包等事件的概率也会大幅降低。

其实早在 2009 年，舆论也曾将顺丰推上过风口浪尖。事件起因是收件人怀疑快递员偷了她快递里的东西，没想到这位快递小哥却说："我一个月工资 1.5 万，我会为了你 2000 元的礼品丢掉我自己的饭碗吗？"于是，该收件人在自己的朋友圈中爆料称顺丰快递员服务态度差，但这则新闻当时更引人关注的却是顺丰快递员的工资水平。

在第二年 7 月 17 日的《北京日报》上，一篇题为《北京 2009 年职工平均工资 48444 元》的文章列出了经济危机后，北京市在岗职工的年工资统计数据，和 2009 年顺丰小哥所透露的工资相比，顺丰员工的收入确实足够惊艳。这大概不仅得益于"双 11"的诞生，更是顺丰多年来"收一派二"的薪资激励制度带来的成果。

后来，王卫曾经对这件事做过简单的回应，他说："对于员工，要给他尊重和对等的收入，有了可观的收入，贪图不义之财的可能性就会大幅降低。如果真的有人做了这样的事，顺丰也一定会追查到底。"在他看来，趋利避害是人的本性，利己也是人的本性，因此，想要管理好员工就要看清人性，尊重人性，如此一来，很多事解决起来也就没那么难了。

这种通透的管理理念，以及充分考虑并尊重人性中那些自然的善恶念头的政策，让顺丰吸引了大批优质的人才，员工整体素质也普遍偏高。

另一方面，作为民营快递的标杆企业，王卫还在员工中提倡"自律"。一家企业也好，一个人也好，自律是提升自己、获得更广阔的发展空间的正路。就像网络上说的："吃不了自律的苦，就要吃平庸的苦。"因此，顺丰员工一直严格遵守公司规定，形象上统一着装，服务上也以"精准、快速、便捷"著称。久而久之，顺丰在消费者中的口碑也越来越好。

2020 年 7 月 21 日，顺丰集团主力投资的一家以加盟制为主的零担快运服务提供商——顺心捷达发布了一则上半年的反舞弊通报，主动曝光了一批员工、加盟商和供应商的违法违规行为，其中，多人因涉嫌违法犯罪被移送至公安局及司法机关。不仅如此，顺心捷达还公布了五家永不合作主体清单，为的就是避免同类问题在顺丰再次出现。

　　《礼记·中庸》中讲："道也者，不可须臾离也；可离，非道也。是故君子戒慎乎其所不睹，恐惧乎其所不闻。莫见乎隐，莫显乎微，故君子慎其独也。"意思就是说，君子在别人看不到的时候，在别人听不见的时候，也要谨慎自己的言行。在消费者看不到的背后，有快递员们挥洒的汗水，也有个别员工因不规范操作或无视职业操守对企业带来的负面影响。很多公司不到事件曝光不会对这方面引起重视，但王卫却提倡"自查"，防患于未然。对于一家很少面对媒体、很少被消费者"看见"的企业来讲，能够做到"洁身自好"实属不易，因为他们才是那些在别人看不见、听不见的地方依然谨言慎行、严于律己的人。如果说一个企业是一艘船，有这样一位舵主和这样的水手，还有什么理由不乘风破浪、直挂云帆济沧海呢？

第三章

从容应对：新格局下棋逢对手

"棋逢对手难藏幸，将遇良才好用功。"经过十几年的开疆扩土，那些曾经在七八十年代的商业浪潮中奋力拼杀的年轻人们，经历了一次又一次大浪淘沙，却只有一小部分人迎来了春天，坐上了行业内的头把交椅。他们才是真正强大的对手。新技术的发展中，低调笃行的粤商王卫和头脑灵活、敢闯敢干的浙商们狭路相逢，高手过招犹如神仙打架，这注定是个很有看头的时代。

"桐庐系"的前世今生

1993 年，一个从浙江桐庐走出的年仅 20 岁的小伙子，在上海成立了一家名叫"盛彤"的公司，这家公司就是我们今天所熟知的申通快递的前身。值得注意的是，同样是 1993 年，23 岁的王卫在顺德成立了顺丰速运。那一年，由于国内很多知名的快递企业纷纷成立，因此 1993 年被业内看作快递业的元年，不过在当时，最引人瞩目的还是分别位于长三角和珠三角的这两家迷你快递公司，尽管它们的命运是那么不同。

1998 年 10 月的一个晚上，在去往宁波途经绍兴的高速公路上，停着一辆已经快要冲出公路的严重变形的黑色轿车，事故发生后，车里的人已没有生命体征。据新闻报道，这场车祸的遇难者年仅 25 岁，名叫聂腾飞。新闻一经播出，立刻在国内引起了轩然大波和广泛议论。聂腾飞这个名字在今天可能已经没有多少人知道了，但是提起他一手创办的申通快递，却是家喻户晓。

在我国浙江西南部，分水江和富春江交汇处，有这样一个小城：它地处钱塘江中游，四面环山，丘陵错落，是一个历史悠久、人文荟萃之地。自古以来素有"钟灵毓秀之地、潇洒文明之邦"的美誉。现在的它更是浙西地区经济实力第一强县，是"中国民营快递之乡"。这个小城叫桐庐，聂腾飞就出生在这里。我们如今所熟知的"四通一达"的创始人，也都是从这里走出去的，因此，这些快递公司也被称为"桐庐系"。

1973 年，聂腾飞出生于桐庐县钟山乡夏塘村。16 岁的时候，因为生活所迫，聂腾飞决定和弟弟聂腾云走出山村，外出打工。当时正值改革开放初期，浙江的省会杭州因其地理位置优越、交通便利，一时间成了很多外贸企业的首选之地。于是，1989 年，聂家两兄弟来到了杭州，在一家印染厂做起了小工。也是在这里，聂腾飞结识了自己未来的妻子陈小英和来自淳安的工友詹际盛。

那时候，印染厂的生意十分红火，1992 年 10 月 11 日，上海浦东新区的成立更是让长三角地区的进出口贸易变得异常火爆，同时也带动了江苏和浙江两地的经济发展。但是问题也随之而来，当时，贸易公司的报关单必须在提出报关申请的次日送达上海。而 90 年代初，我国快递行业的发展还不成熟，实力最强的国有企业中国邮政，当时的派送速度最快也要 3 天才能把报关单送达。这完全无法满足外贸公司的需求。与此同时，在遥远的广东顺德，二十出头的小伙子王卫所在的工厂也面临着同样的问题。

聂腾飞和王卫几乎同时发现了相似的商机。年轻的聂腾飞算了一笔账，当时送一份报关单收费 100 元，从杭州到上海的往返火车票需要30 元（站票），如果前一天晚上从杭州出发，第二天凌晨到上海以后将报关单送到市区就能净赚 70 元。如果一次送十几单，收入将是一个相当可观的数字。

这笔账一算下来，19 岁的聂腾飞坐不住了，他立刻把做"捎带人"的想法讲给了陈小英和詹际盛，二人听了以后都觉得这个想法可行，于是三人一拍即合，同时辞掉了印染厂的工作，成立了盛彤实业有限公司。

公司成立后，聂腾飞任盛彤公司总经理，詹际盛在上海长期驻扎，聂腾飞的妻子陈小英负责通过电话联系报关单派送业务。三个人各负责一块，一家比顺丰还要袖珍的快递公司就这样开门营业了。

令人惊喜的是，第一年，盛彤的盈利就达到了两万元。在当时，这可不是一笔小数目。如此可观的盈利额让聂、詹二人信心倍增，他们也看到了快递行业广阔的发展前景，盛彤的业务范围也在不断扩大。

后来，由于盛彤的主要业务都集中在上海，因此，聂腾飞等人决定将公司改名为"申通快递"。

一边是交通便利、商业发达的杭州，另一边是早已成为国际化大都市的上海，申通的业务量得到了意料之中的稳步增长。但是很快，聂腾飞等人就感到力不从心了，他们需要更多的人加入进来。在人生地不熟的杭州和上海，想要招到合适的派送员并不容易。尤其是在20世纪90年代，民营快递的合法地位还没有得到国家的承认。在前几年热播的讲述快递人创业的影视剧《在远方》中，剧集开篇就上演了一番"捎带人"和邮政稽查队之间斗智斗勇的惊心动魄的戏码。虽然其中不乏戏剧化手法的表现，但民营快递起步之初确实经历了重重关卡和艰难险阻。尤其是要以火车为交通工具开展派送业务的申通，想要顺利过关就更是难上加难了，"捎带人"不仅要懂人情世故，能和列车员搞好关系，关键时刻还要跑得快。否则，是做不了这行的。

面对这种局面，聂腾飞第一次犯了难，苦思冥想中，一个群体在他脑中的闪现立刻让他振奋起来，这群人不是别人，就是那些在家待业的桐庐老乡。浙江研究会执行会长杨轶清曾经说过，浙商的群体特征非常鲜明。总体来说，在中国的"四大商帮"中，浙商的草根性、自发性和游牧性最为明显。这些自下而上的底层创业者走得远也分布广，尤其是在"大蛋糕"面前，浙商的思路是，蛋糕过大一个人吃不下的时候，就会拉来更多的人一起分吃，不会守着大蛋糕硬吞。有钱大家赚只是表象，根底上，他们的这种选择既充分发挥了同乡凝聚力的作用，也能迅速以市场份额占有率取胜，并通过这种方式实现垄断，把财富留在自己人手里。

直到今天，在浙商活跃的地方，仍然有老乡带老乡的模式存在，他们一直以群体的形式存在于商界。于是，就在王卫和他的同事们借助各种交通工具穿梭在砵兰街和顺德两地时，聂腾飞正赶往桐庐老家发动群众，招兵买马。很快，他就招来了许多同乡，申通快递的队伍迎来了创立以后的第一次扩容。

接下来，聂腾飞留下一批人共同分担杭州和上海两地的业务，然后将其余的老乡分散到全国各地去开辟新的加盟网点，申通也由此成为中国国内第一家民营特许加盟的快递企业，其网点迅速布满全国。

业务的顺利开展让聂腾飞感到欣喜，短短几年内，申通已经在当地小有名气了。然而令人惋惜的是，或许天妒英才，1998年10月的一天，聂腾飞和往常一样，驱车从杭州赶往宁波处理公司业务，但一场突如其来的车祸让25岁的聂腾飞没能看到申通未来的路，他的生命永远定格在了那个寻常秋日的晚上。而他的猝然离开，也在很大程度上为中国民营快递行业的版图更新埋下了伏笔。

聂腾飞离世后，申通快递由其妻子陈小英和大舅哥陈德军接手管理。而淳安工友詹际盛，早在1994年就因两人经营理念不合与聂腾飞分道扬镳，独自成立了天天快递；1999年，弟弟聂腾云也离开了申通，成立了韵达快递；2000年，曾在申通财务部门工作的张小娟和原本做工程生意的丈夫喻渭蛟一起创办了圆通快递；2002年，陈德军的发小、木材商赖梅松成立了中通快递；2003年，百世汇通创立，创始人也是桐庐人；2005年，同样来自桐庐的徐建荣将百世汇通收购，2010年，这家公司又被浙商马云收购；2012年，陈小英和第二任丈夫奚春阳收购了詹际盛的天天快递。至此，我们所说的"四通一达"正式诞生，所谓的"桐庐系"也就此形成。

从容应战"四通一达"

"桐庐养育了我，井冈山塑造了我，大上海成就了我。"回忆起创业的艰辛岁月，喻渭蛟这样说。这个 23 岁就开始闯荡江湖的男人，一路走来满是坎坷。喻渭蛟原本是一个做装潢生意的年轻人，最初在宁波和井冈山等地打拼，那时候装潢是比较赚钱的一个行业，但是连环"三角债"让喻渭蛟的创业之路越来越难走。曾经，井冈山的一个工程就拖欠了他 200 多万元，几年下来，不仅积累的资本化为乌有，还背上了巨额债务。

当时，喻渭蛟的妻子张小娟在申通财务部门上班，聂腾飞意外离世后不久，张小娟便离开申通，和丈夫一起创办了圆通快递。那是千禧年的一个夏天，5 月 28 日，转行的喻渭蛟带着东拼西凑的 5 万元钱，以破釜沉舟的勇气来到了上海，圆通快递有限公司就在这一天在上海长宁区宣告成立。

虽然成立之初公司规模小，人员少，发展之路充满着艰难险阻，但是圆通的壮大同样是迅速的。喻渭蛟是一个很看得准时机的人，2005 年，资本的力量开始大举进入互联网领域，这个已经渗透到人们生活诸多领域的新生事物，正在给中国的经济发展带来难以想象的变化。

那一年，不仅九十多家互联网公司接连在海外上市，而且中国互联网公司股票市场价值总和已经达到了 1000 亿美元。可以说，2005 年是互联网行业的资本元年。电商的兴起也给快递行业带来了无限的机会。这两个密切相关的行业，在 2005 年迎来了属于它们的时代。

两年前，浙商马云刚刚创办了从事 C2C[1] 业务的淘宝网，谁也没想到，这个在当时几乎没什么知名度的网站居然非常迅速地发展了起来，并在两年的时间内战胜了全球最大的同业公司 eBay 易趣。

此后，淘宝网乘胜追击，为了解决网络支付的信用难题，2004 年，马云还创造性地创立了第三方网上支付平台——支付宝。喻渭蛟就是在这个时候感知到了电商崛起的先兆，于是，圆通赶在所有民营快递之前，率先和淘宝签约，成了淘宝最主要的线下物流供应商。为了迅速抢占市场，圆通还大幅度下调了快递价格，将原本 20 多元的首重价格降低到了 12 元左右。时隔多年，快递行业大规模的价格战再次打响。

当时，以淘宝交易平台为代表的电商模式正处于高速发展时期，据统计，淘宝每天的快递发货量达到了三四百万件。到今天，淘宝已经成为中国最受欢迎的网购零售平台，拥有近 5 亿的注册用户，每天有超过 6000 万的固定访客。毫无疑问，面对淘宝巨大的发货量，任何一家快递公司都想在这块蛋糕中分到最大的一块。

圆通的率先签约和大幅降价让其他"桐庐系"老乡也开始蠢蠢欲动，一时间，"三通一达"（申通、中通、圆通、韵达）纷纷加入降价大军，调整快递价格，它们从首重 8 元一降再降，到最后甚至出现了 2 元的首重价。

我们在前文中已经讲过，价格战作为市场经济下的竞争手段之一，常常在激烈而仓促的市场争夺中成为商家们的首选，但绝不是最优选择。没有底线的价格战不仅达不到商家想要的效果，而且会在很大程度上破坏行业规则，导致服务质量下降，严重的时候甚至可能演变成

---

[1] C2C：电子商务的专业用语，意思是个人与个人之间的电子商务，其中 C 指的是消费者，因为消费者的英文单词是 Customer，所以简写为 C。又因为英文中"2"的发音同"to"，所以 C to C 简写为 C2C，即 Customer to Customer。

一场集体自杀。很快，价格战所带来的弊端就显露出来了，这也让"四通一达"一时陷入了无法扭转的尴尬境地。

而当时的顺丰正专注于做中高端市场，虽然单笔利润较高，但快递发货量远不及"四通一达"。一开始，很多人以为一场"桐庐系"和"顺德系"之间的战争就要开始了，但让人感到惊讶和不解的是，此时的王卫并没有什么大动作。其实，眼看着电商的崛起和火爆，王卫并非没有感知到这潜在的商机和资本的诱惑，只是无论从成本层面还是从公司的企业定位上考虑，这个时期的顺丰已经不会再像几年前那样，以价格战的方式来和同行们抢夺市场了。这一次，王卫顺应了市场的规律，也再一次因其未雨绸缪的部署，以从容不迫之态和稳定的服务质量于混战中以质取胜。

2012年，一则关于福州市圆通快递员罢工的新闻引起了社会的广泛关注，新闻称，6月2日起，福州鼓楼区、晋安区、台江区圆通快递网点已停止派送快件，主要原因竟然是快递员罢工了。在如今少量可见的关于此事的新闻报道中可大概了解到，当初的这场罢工是因为员工认为公司用工苛刻，不给员工买医保、社保等福利保险。

其实，快递公司要给员工买保险这一规定早在2009年就已经提出来了。2009年，《中华人民共和国邮政法》（以下简称《邮政法》）的修订使我国民营快递企业拥有了合法地位。这无疑是一个值得快递同行们奔走相告的好消息，但与此同时，《邮政法》还提出了至关重要的一个新规，那就是快递企业必须为每一个快递员购买保险等社会保障福利。

这一规定的提出间接推动了我国快递行业的一次大洗牌。作为"劳动密集型"产业，快递行业从业人数众多，购买保险对任何一家公司来说都将是一笔巨额开销。所以，非常戏剧化的是，在那一年，大批中小型快递公司在迎来了"身份许可"后却因无力遵守新规而纷纷倒闭，没能在多年的坚守中等到淘宝第一个"双11"购物狂欢节的到来。只留下顺丰和"四通一达"在新的生存环境里探索求生。

　　对于一直专注于中高端市场的顺丰来说，其单笔利润和总营业额始终遥遥领先，因此，为快递员购买保险虽然也是一笔巨大的支出，但顺丰完全能够承担这笔费用。相比之下，原本想借着电子商务崛起的东风以量取胜的"四通一达"却陷入了尴尬的境地。一边是买保险所要面临的难以估量的经济负担，另一边是不买保险所要承担的违规处罚和员工们的强烈反对。

　　屋漏偏逢连夜雨，2009 年 11 月 11 日，在万众的期待中，淘宝商城迎来了首个"双 11"购物狂欢节，这原本是一件好事，因为这意味着业务量的激增。但也是在那个晚上，当淘宝网的创始人们眼含泪花盯着屏幕上的数据变化的时候，一场 50 年不遇的特大暴风雪已在我国河北地区骤然降临。那个冬天，全国范围内多个省市先后出现了严重的暴风雪天气，降雪量在局部地区甚至达到了百年不遇。强降雪造成受灾地区多条高速公路受阻，民航班机延误，人们的生活秩序被这场突如其来的暴雪打乱了。

　　这对于本想在首个购物狂欢节中一展身手的"四通一达"来说，无疑是雪上加霜。一方面，快递业务量激增，运输线路却不够畅通；另一方面，临近年关，正是返乡大潮，快递送送人员严重不足。就在这时，一直没在价格上做什么文章的顺丰突然行动起来了，王卫突然宣布，北京局部地区的快递价格将相应调高，这个消息立刻引发了同行们的极大关注。虽然早在《邮政法》颁布之前，各大快递公司就已经因物价上涨、人力、运输成本、土地成本的增加而感受到了巨大的压力，但是由于大家分食的是同一块"蛋糕"，一旦率先涨价，在服务水平持平的情况下，很容易亲手将自己送上绝路。于是，所有的快递公司都在利润压缩的重压下苦苦支撑，希望以量取胜。

　　可是暴风雪的突然袭击打碎了这个天真的幻想，顺丰的涨价让除了百世汇通之外的其他几家快递公司也受到了鼓舞，一直犹豫不决的"三通一达"终于也坚持不住，联合起来提高了快递价格，希望能一起渡过难关。

但顺丰的涨价和"三通一达"的涨价换回的却是截然不同的客户反响。由于顺丰一直以来明确定位中高端市场，且服务水平始终保持在非常稳定的状态，所以其客户群体一方面并不在意特殊时期小幅度的价格上涨；另一方面，他们更关心的是时效性、准确性和安全性。因此，一贯发挥稳定的顺丰并没有因为涨价而引起目标客户的反感。相比较而言，当时"四通一达"的客户群体还呈现广而杂的特征，加之几家快递公司在此前激烈的价格战角逐中将主要精力放在了市场争夺上，服务品质逐渐降低，如今面对恶劣的天气，不仅快递配送上遇到了瓶颈，价格还比原来高了，这自然引起了网商和网购消费者极大的不满和抵触。尤其是几家公司联手涨价的行为，更给人一种"霸王条款"的感觉，短短几天内，大量的客户流失，转而选择了服务更好的顺丰。客户的流失给"三通一达"敲了警钟，一周后，中通和韵达率先发出公告，宣布取消涨价、恢复原价。

就这样，一场因购物狂欢节和几十年不遇的暴风雪共同引发的市场慌乱在 2010 年春季来临前，以顺丰的大获全胜而告终。

下乡开辟蓝海市场

2005 年，在《感动中国》十大人物的颁奖典礼上，一个叫王顺友的邮递员讲述了自己从业数十年的动人经历。1984 年，这个 19 岁的凉山州木里县小伙子从父亲手里接过了马缰绳，成了当地的马班邮路乡邮员。从此，360 公里的山路与这个牵着马送快递的小伙子为伴，14天才能往返一次的征途是他的工作日常和另一种时间刻度，那是 2005 年中国农村快递之路的一角。

和四川一样，尽管这样艰难的派送环境是少数案例，但当时很多省份的农村地区也确实面临着交通不便、经济发展滞后等问题，因此差不多到了 2013 年，农村地区依然是我国快递行业网点开辟的一片蓝海地带。在此之前，几乎只有 EMS 这家国有企业把网点全面辐射到了广大的农村地区。也就是说，当人们还沉浸在 2005 年的《感动中国》的邮递员故事时，距离顺丰和"四通一达"的足迹开始踏上中国农村广袤的土地还要过上许多年。

在这几年中，顺丰成立了自己的航空公司，拥有顺丰网点的各大城市已经感受到了速度带来的魅力和诚意。2009 年，"四日件"的推出让顺丰的陆路布局同步展开，其网点逐渐向二、三线城市深入。2012年，一个庞大的对手——桐庐系，在来自浙江的快递创始人们手中诞生。自此，几大快递公司枕戈待旦，一场下乡开辟新战场的争夺战随时都可能打响。

据 2013 年淘宝网数据显示，我国县级区域的人均网购消费能力比一二线城市还要高出近千元。数据一经公布，立刻引发了人们的关注和快递公司的注意。当时，和农村地区日益提高的消费能力相比，快递配送业务正在逐渐暴露短板，大有力不从心之态。

2013 年，王卫在顺丰的内部谈话上，首次强调顺丰将在农村进行网点布局的尝试，他说："首选区域是经济欠发达地区，西部、华中和华北，级别是县级以下的乡镇。"此话一出，很多关于顺丰网点新布局的猜测开始在业内流传。

其实早在 2006 年，顺丰已经覆盖了全国 20 个省 100 多个大中城市，到 2013 年，王卫已经把顺丰的网点在国内全面铺开了，基本完成了全方位空地一体网络的布局。

在国际市场上，跨境电商的发展和业务蔓延也为快递业海外布局提供了新的动力。据权威数据显示，2008 年至 2013 年，我国跨境电商的复合年均增长率高达 31.1%，2013 年的交易额约为 3.1 万亿元。毫无疑问，跨境电商已经成了新时期我国电商发展中的一匹黑马。因此，在这几年的时间里，王卫也忙于海外网络的搭建。

2010 年至 2015 年，顺丰不断扩张海外市场，先后在韩国、新加坡、马来西亚、日本、美国、泰国等地开设了网点。从顺丰的网点布局上不难看出，王卫的目光始终聚焦在消费能力更强的大中城市和国际化市场，这也和顺丰创立之初的定位相符。之所以在 2013 年突然提出要进军县级以下的农村市场，当然和电商的火爆以及我国农村经济的发展有关。

在 2014 年之前，地势复杂，通讯、交通都不十分便利的农村地区并没有成为民营快递的主战场。而互联网的渗透和网购的袭来，让这些广袤而孤单的小城成了快递行业网点布局的新领地。

根据数据显示，2014 年，农村网民已经上升到 1.78 亿人，其中有网购、网商经历的超过 8000 万人，同比增长 40.6%。农村网购、网商的交易规模超过 1800 亿元，同比增长 60% 以上，远远高于城市网购、网商的增速。

2014 年年初，国家邮政局为了推动广大农民享受网购所带来的便捷，还启动了"快递下乡"工程。一方面是为了更好地带动农村地区的经济发展；另一方面，科技的发展和网络的便捷也让新时期的农民看到了新的商机和售卖方式。

作为农业大国，我国广袤的国土疆域和各地不同的自然环境，使每个地方有各自的土特产。这些农产品就像活名片一样代表着一个地方的特色。进入新世纪以后，人们的生活水平逐渐提高，对生活品质的要求也日益提高，食物新鲜成了人们餐桌上的新要求，农产品直产直销的模式越来越受广大消费者的欢迎；加之城市经济的发展吸引了农村大量的劳动力，很多人想念家乡的味道却不可得。农村快递一旦发展好了，这些问题都将不再是问题。在农村经济得到全面发展、土特产也成了网络购物新宠的局面下，"快递下乡"已是大势所趋。

但是，作为拥有国内最大的航空货运公司的快递企业，顺丰在农村地区的网点布局却晚于 EMS 和"四通一达"，这不仅囿于其中高端的明确定位，也和高效的运输方式所需要的基础设施配备有关。因此，在农村网点建设上，顺丰采取了"鼓励员工创业"的创新方式，希望借此打开缺口，正式进军到农村市场里去。

2014 年，在接受《第一财经周刊》的采访时，顺丰公司的发言人称："我们希望能尽量快地进行农村网点建设，鼓励自己员工创业就是方式之一。"2014 年 4 月 29 日，一则题为《顺丰开始采用代理模式大面积拓展乡镇市场》的业内消息引发了快递行业的广泛关注。在此之前，顺丰内部人士也曾表示："顺丰不排斥去任何地方，但对于乡镇网点的选择肯定会很谨慎。"

之所以这么说，主要有以下几个方面的原因：

首先，从服务定位上，顺丰一直定位于中高端市场。因此，在布局农村网点时，为了保证"顺丰标准"，必须更加谨慎。

其次，从经营模式上，顺丰在此次布局中确实陷入了两难的境地，这也是催生了"鼓励员工创业"模式的一个主要原因。如果王卫继续采用直营模式布局农村网点，那么这将是一笔巨额支出。我国农村地区地域广大，直营模式建立网点很可能出现成本与价格的倒挂。开设的网点越多，亏损越大。这样看来，似乎只能通过加盟的模式进行全面布局，但是开放加盟或代理制就又会遇到不便于总部统一管理，甚至产生分权的老问题。于是"鼓励员工创业，开设农村网点"的创新思路就这样顺势而出了。

这样做的好处是，顺丰能在极大程度上保证"血统的纯正"。为了保证顺丰服务标准化，在新方法的尝试阶段，王卫也表现得非常谨慎。虽说鼓励员工创业，但是顺丰内部员工创业的门槛并不低，对于想要去农村创业成立网点的员工，顺丰有一套非常严格、周密的考核机制，并不是任何一个员工都可以得到这种许可和机会。

顺丰将对有意愿创业的员工进行资质和能力的考核，考核内容主要包括员工对顺丰标准和经营理念的理解程度、操作规范程度、场地布局、软硬件设施的考虑是否符合公司的统一管理等。考核通过的员工才能得到顺丰的创业资金和技术支持。并且，在农村开设的顺丰网点只能专营顺丰业务。

新思路一公布，就有很多内部员工竞聘上岗，截至2014年，顺丰农村网点已经覆盖1.3万多个乡镇，主要区域是华中、西南、华北。截至2017年，乡镇快件量占到了顺丰总快件量的10%左右，看起来，这个数据似乎并不惊人，但是这也正和顺丰发言人所强调的"对于乡镇网点的选择会更加谨慎"相当一致。不冒进、不追求短时间内的壮举，是王卫一贯的行事作风，也是顺丰能稳步前进的保障。

回顾顺丰的每一次改变，王卫都习惯于在冷静中做不留后患的决定。这一次布局农村市场，依然不急不躁，对在农村所开展的具体业务范围，顺丰也进行了充分的调研和考虑，结合自身定位和优势，一边稳扎稳打进军新市场，一边充分发挥自身的技术优势，同时将先进的冷链运输运用到农产品的网络交易上。尽管业内很多人觉得顺丰的价格不够亲民，对其能否在农村市场站稳脚跟提出过质疑和忧虑，但是从后来的发展情况来看，顺丰的表现并没有让王卫失望。

科技带来的新挑战

进入到互联网新时期，面对日新月异的行业发展和市场动态，新的搅局者的出现给顺丰带来了新的危机。和前几次不同的是，这个搅局者的出现对顺丰来说，意味着打破行业壁垒后要面临更加广阔的市场和多变的时局。

在 2016 年 7 月 17 日播出的央视《对话》栏目、一期名为《"异类"刘强东》的节目中，京东创始人刘强东对菜鸟网络与几大快递公司的关系有着自己的看法。在他看来，菜鸟网络本质上是要在几个快递公司之上搭建一个数据系统。说得好听一点儿，是提升这几个快递公司的效率；说得难听一点儿，快递公司大部分的利润都会被菜鸟物流给吸走。但是现在已经没有人能离开它了，"因为你不这么做，你不听他的，你就被他踢出去，你 50% 的包裹量可能就没有了"。事实上，快递公司的命根子已经被菜鸟网络扎扎实实地抓在手里了，其中只有一家顺丰是拒绝这么做的，因此，刘强东表示，他相信将来只有顺丰能够在独立的快递公司当中存活下去，而且有很好的利润。

刘强东提到的"菜鸟网络"，诞生于 2013 年 5 月 28 日，那是顺丰和申通快递成立的第 20 个年头，也是几家快递公司开始在三、四线城市争夺地盘、展开新一轮竞速的第一年。那一年，由阿里巴巴集团、银泰集团联合复星集团、富春控股、顺丰集团、"三通一达"等合作方共同组建的"菜鸟网络"正式成立。

当时，阿里巴巴作为中国最大的电商企业，随着网络的快速发展和电商的日益火爆，筹建仓库和配送网络已经成了首要任务。马云曾表示，"菜鸟网络"的成立是为了通过自建、合作、改造等多种模式，在全国范围内建起一套开放的社会化仓储设施网络。我国快递公司70%的业务量均来自淘宝网，如果能把这些快递公司的数据和菜鸟网络进行联通，将它们吸引到菜鸟平台，使其对接各自的信息系统，自觉根据菜鸟的要求改进自身快递服务体系中存在的问题，那么，无论对电商还是快递业，都将是一件好事。

因此，在"菜鸟网络"刚刚成立的两年中，多家快递公司都还是采取合作的态度，包括顺丰。毕竟在信息时代，依靠数据联通和技术手段来提高服务效率已是大势所趋，也是时代的选择。何况，"菜鸟"的出现的确提供了一个具有巨大价值潜力的平台。然而正如刘强东所说的那样，在合作进行到一定深度以后，多家快递公司逐渐处于被动状态，离开和继续合作都不再是最好的选择。

在很多人看来，"菜鸟网络"是一家物流公司，其实准确地说，这更是一个物流领域的数据平台，其关键词在于"数据"。截止到2015年11月，我国有超过70%的快递包裹、数千家国内外物流、仓储公司以及170万物流及配送人员，都在菜鸟数据平台上运转。

"菜鸟"以阿里巴巴这个中国最大的电商平台为依托，以资本和互联网两大利刃为武器，在短短两年时间内，就因其对新技术、新模式的充分运用，颠覆了传统快递和物流行业的思维模式，逐渐构建起一个新的商业结构。

从那以后，"菜鸟"开始对各大快递公司制定新的规则与门槛，对于这些举动，"菜鸟"负责人解释称，这一切都是从消费者的物流体验出发的，市场的更高要求决定了"菜鸟"需要提升平台的服务质量。然而，无论出发点是什么，"菜鸟"的一系列举动都让从业者感受到一种威胁，互联网和大数据的广泛应用和新技术所带来的更为便利的生活方式，让消费者感叹社会发展变化之快的同时，也让快递行业的领军人物觉察到了一丝丝寒意。

王卫是一个目光长远且行事谨慎的人，"菜鸟"的变化让他很快意识到了危机的降临，顺丰也因此一直处于一种低调而紧张的备战状态。

2013 年，"菜鸟网络"成立时，曾宣称要用天网（大数据）、地网（仓配）去革新快递行业，这在当时听来是一个非常振奋人心的消息。但是时至今日，两张网一上一下已经将老牌快递公司罩在其中，剑锋直指快递市场，甚至已经罩住了快递企业的命脉。这种命脉上的掌控与同行之间的市场争夺、价格战相比，其杀伤力更甚。想要存活下去，必须绝地反击。

更何况，2015 年，成立两年的"菜鸟"早已不再稚嫩。尽管马云一再表示："'菜鸟'只是搭建一个平台，我们不会抢快递公司的生意。"但是身处其中并逐渐失去主动权的快递公司们已经不能坐以待毙了。5月28日，在菜鸟网络举行的"快递江湖大会"上，顺丰的缺席直接表明了顺丰的态度，双方从此以后开始分道扬镳。

不过，顺丰的对手不仅仅是一个"菜鸟网络"这么简单，随着电子商务的发展，各大电商也都加入到了自建物流体系的大军之中，其中势头较为强劲的就包括曾公开对顺丰倍加赞许的刘强东创立的京东，以及国内家电连锁企业巨头苏宁。

据相关资料显示，京东商城自建物流体系的七大中心城市分别是沈阳、北京、西安、成都、武汉、上海、广州，这七大城市分别对应各自的服务区域。从城市分布来看，京东的物流体系中心几乎已经占据了全国各大经济区域。

而苏宁易购更是在全国有多个始发仓库，分别是：南京、北京、上海、广州、沈阳、成都、武汉、西安、杭州、深圳、重庆、天津。其中南京、北京、成都、广州四个仓库提供全国发货服务，沈阳、武汉、西安、上海四个仓库分别提供东北、华中、西北、华东（浙江、福建、上海、江西）片区发货服务，杭州仓库提供浙江省发货服务，深圳、重庆、天津仓库提供同城服务。

除此之外，当当网、1 号店、卓越亚马逊等也都有自己的物流体系。归根结底，这也是电商们在管理升级的挑战中，在行业竞争中所产生的必然结果。

首先，我国快递和物流行业起步较晚，在国家大力推动经济发展的情况下，这些当时看来还是无名小卒的快递商们匆匆忙忙下了战场，因此，在纷乱的竞争中根本无法停下脚步的他们也很难做到在市场扩张的同时兼顾细化服务。这就导致一些定位明确而单一的电商难以找到适合自身业务发展需求的物流服务商。

另一方面，物流运营管理也为电子商务提供了有力的数据支持，将订单管理和物流服务有效结合起来，是管理体系升级的必然，也是企业发展的必经之路。

最重要的一点是，谁成了供应链的"链主"，谁就处于更主动的局面之中。以物流和供应链体系为核心已成为电商企业发展的重要战略之一。

2017 年，在《经济半小时》栏目的一次采访中，鲜少在媒体露面的王卫身穿白衬衫、戴着黑框眼镜坐在镜头前，颇有儒雅之气。这是继 2011 年《羊城晚报》对王卫进行采访后，媒体与他的又一次近距离对话。此时的王卫已经 47 岁了，早已不是当年那个带着 10 万港币和 5 个员工就敢下海经商的年轻小伙子了，这些年里，无论是顺丰还是行业内，也都发生了不可预料的变化。谈及顺丰的竞争对手，王卫在采访中这样说："现在我们所要面对的竞争绝对不是来自同行的快递公司或者物流公司，而是科技含量很高的互联网公司和科技自身的发展。跟今天的传统行业相比，所有的传统行业都比不上互联网迭代的速度。未来，人工智能跟大数据会对各行各业进行全面再塑造，所以我们要更积极地去思考如何驾驭这阵风，怎么跟互联网、跟高科技联动，这是东风；联动不上，就是台风。"

战火升级，与菜鸟交锋

"其实王卫给我发了短信，也通了电话，他们和我们的摩擦他也不知道，我也是在法国、在媒体上看见两个公司闹起来了。"在2017年的网商大会上，阿里巴巴创始人马云在采访中谈到了菜鸟网络和顺丰速运的摩擦。马云表示，这件事他和王卫都不知情，但当年，马云口中的这次"小摩擦"却惊动了国家邮政局。

事情的原委是这样的，2017年6月1日下午，"菜鸟网络"突然发布了一则《"菜鸟网络"关于顺丰暂停物流数据接口》的声明，声明称：5月31日晚间接到顺丰发出的数据接口暂停告知。6月1日凌晨，顺丰关闭了快递柜的数据信息回传，此后又进一步关闭了整个淘宝平台物流信息的回传，导致买卖双方无法跟踪商品实时信息。菜鸟对全网物流数据进行信息安全升级，但顺丰并不配合。

在声明中，"菜鸟网络"声称顺丰这一行为"导致了部分商家和消费者的信息混乱，可能会造成商家和消费者的重大损失"，并表示已经紧急建议商家暂时停止顺丰发货，改用其他物流公司的服务。

声明发出后，浙江卫视记者曾以买家身份和几家荔枝店的卖家进行了交流，发现无论商家是否在页面上标注了快递方式，几家客服均表示，他们目前仍然是用顺丰冷链的方式发货。其中一家淘宝店的客服人员还说："如果发货选项没有顺丰，我们发货后会发顺丰快递单给你。"可见，王卫早早利用自身优势而建立的冷链运输体系，在这次摩擦中已经发挥了强有力的效用。"菜鸟网络"的声明和"呼吁"并没有完全阻断顺丰的业务来源。

而对于"菜鸟网络"的声明，6月1日当晚，顺丰也在网上就此事做出了回应：

关于对投资者昨日关注问题的说明

公司及董事会全体成员保证信息披露的内容真实、准确、完整、没有虚假记载、误导性陈述或重大遗漏。

6月1日，投资者关注到菜鸟网络科技有限公司（以下简称"菜鸟网络"）切断深圳市丰巢科技有限公司（以下简称"丰巢"）的信息接口，以及阿里系电商平台删除顺丰快递选项一事，顺丰控股股份有限公司（以下简称"公司""顺丰"）现说明如下：

顺丰一向致力于向客户提供高效可靠的物流服务和客户体验，事件发生后，公司已通过媒体向公众及用户解释事件因由。

公司预计此事不会影响去年重组时对2017年和2018年净利润做出的业绩承诺。

"客户第一"是顺丰一向秉承的理念。目前，因此事受影响的客户依然可以从顺丰官方渠道（顺丰微信公众号、APP、官方网站）及其他第三方信息查询平台查询到物流信息。公司将尽一切努力减低对客户正常服务的影响，以维护和保障市场秩序和消费者的合法权益。

公司后续将密切关注相关事件的进展，并及时根据相关规定履行信息披露义务，敬请广大投资者理性投资，注意投资风险。

特此公告。

顺丰控股股份有限公司

此外，顺丰还表示，阿里系平台已将顺丰剔除，"菜鸟"同时封杀第三方平台接口，已对商家发货造成困扰；"菜鸟"基于自身商业利益出发，于2017年5月要求丰巢提供与其无关的客户隐私数据，此类信息隶属于客户，丰巢本着"客户第一"的原则，拒绝了这一不合理要求；"菜鸟"单方面于2017年6月1日零点切断了丰巢信息接口。

这场发生在中国市值最高的快递物流企业——顺丰和阿里巴巴旗下最大的物流及供应链平台——"菜鸟网络"之间的数据之争异常激烈，两家公司剑拔弩张。

事情至此并没有结束，6月2日下午，"菜鸟"总裁发布声明，称："丰巢大量调取淘宝用户信息，并超过合理使用范围，存在严重的安全隐患。"声明再次直指"信息安全"问题，欲将顺丰推上风口浪尖。

双方各执一词，声明"你来我往"，对话交锋之处更是火花四溅，局势已不可控制地趋于白热化。6月1日晚，顺丰速运合作方腾讯云作为首个第三方也加入了战局，公开表示支持顺丰，并在官方微博上说："腾讯云赞同'开放的云计算'理念，全力保障数据安全，更保障客户业务安全，腾讯云助力顺丰布局云端，无论多么重视顺丰的数据与业务安全都不为过。"

6月2日，京东掌门人刘强东紧随其后，也就此事表态，公开表示相信顺丰的品质和王卫的为人，并呼吁有关部门调查与保护公民隐私信息。

接下来，企业界纷纷发声，美团外卖表示将全面接入顺丰的丰巢，双方将在餐饮、日用品、鲜花等多品类的物流配送领域共同探索，未来还将实现信息打通。

这几大巨头的参与使局面陷入了更加紧张的境地，此后，优信等企业也纷纷向顺丰表示了支持。

当然，另一边的"菜鸟网络"也并不孤单，6月2日晚，圆通、全峰、国通三家快递公司以及苏宁、易果生鲜两家电商企业公开站队"菜鸟"。两大阵营迅速形成，一场看似牙齿碰到了嘴唇的小摩擦立刻升级，影响扩大到了几乎整个互联网行业。

为了尽快平息态势，降低商家和消费者的损失，尽快恢复信息查询秩序，6 月 2 日晚，国家邮政局召集"菜鸟网络"和顺丰速运的高层来京协调。后来，双方终于达成了共识，同意于 6 月 3 日 12 时起，全面恢复业务合作和数据传输。

"菜鸟"和顺丰这场大战看似结束了，但是其背后所隐藏的数据和接口之争的本质问题已经浮出水面。从几大巨头的站队可以看出，这不是简单的"江湖兄弟情"，力挺的背后是"共赢"的需求。这些巨头企业的掌门人早已意识到，新时代将是一个被人工智能和大数据深度影响的时代，谁掌握了数据话语权，谁就拥有了主动权，否则将很容易陷入聋哑失声的状态。

互联网时代的商业协同，使得对数据的驾驭能力和对供应链的优化能力成为企业新时期的核心竞争力。物流作为最接近终端客户的业务，其手中掌握的客户数据，对于互联网企业具有重大价值，依靠这些海量数据，互联网企业可以直接对产业链进行整合和梳理，这才是数据之战被打响的根本原因。在未来，如果企业间不能建立良性的联动机制，类似的摩擦极有可能再次发生。

在这场短暂却激烈的对抗中，作为"菜鸟"小股东之一的顺丰之所以表现得非常强硬，一方面是因为顺丰的主要业务并不来源于阿里巴巴，因此和其他所有民营快递相比，顺丰对阿里巴巴的依赖是最小的；另一方面，王卫从未对"菜鸟"放松过警惕，这么多年，王卫一直坚决拒绝把企业命脉交到别人手里，他不允许任何人触碰这条红线，也无时无刻不警惕着这种事情的发生。事发以后，王卫甚至呼吁"希望所有快递行业同仁警惕'菜鸟'无底线染指快递公司核心数据的行为"。

一年以后，2018 年全球大数据创新创业大赛在深圳落下帷幕，一向低调神秘的顺丰董事长王卫身穿一身蓝色西装亮相会场，并用他略带广东口音的、不太标准的普通话做了长达 15 分钟的发言。

在发言中，王卫首次谈到了他"用大数据推动物流产业升级"的想法，在这次大赛之前，2018 年 4 月 26 日，顺丰已联手 8 家企业在东莞成立了超级大数据公司，王卫出任首任董事长。据了解，这家超级大数据公司的股东阵营相当豪华，包括顺丰投资、东方嘉盛、飞马国际、华南城、朗华投控、普路通、腾邦、怡亚通、越海全球供应链等9家公司，这些股东全都是物流和供应链领域的知名企业。

关于超级大数据公司的创立初衷，王卫说："很多人认为这个项目就是在帮物流公司挖掘资源，这只是大家看到的表面，我们都希望把各自的数据真正地提炼出来，帮助不同的行业去改造升级，这才是我们成立超级大数据公司的初衷和目的。"在对未来的展望上，王卫表示，未来将通过合作实现多赢，在没有数据将愈发寸步难行的数据化时代，合作是首要选择。超级大数据公司的成立能够推动更多高科技企业参与进来，并通过大数据推动不同产业升级改造，这是很有意义的事，也将迎来一个多赢的局面。

王卫说："我们应该把这种理念传递出去，不断打造平台，让更多传统行业和高科技企业互相融通，实现共赢，这才是我们的目标和方向。"

在发言即将结束的时候，王卫也提到了"信息安全"这个话题，他表示数据公司未来以服务实体经济为主要目的，将以更高标准来保护用户的个人信息。他说："有数据的公司，应该看它是以什么样的理念在管理数据安全，这是首要的；而在数据安全的问题上，这家公司是如何处理的，是另一个重要方面。在这两个重要方面，公司要不断在迭代中解决数据安全的问题。"

2018年是中国改革开放的不惑之年。很多行业发展已趋于成熟，却并未真的"不惑"，很多行业还不可避免地迎接着新的战机和生机，也是在这一年，48岁的王卫和25岁的顺丰一起，走进了新的时代。

第四章

触网触电：紧跟时代步伐

　　快递业内部的激战打了十几年，帷幕还没落下，新技术的闯入就以迅雷不及掩耳之势打乱了这盘棋。一时间，各家掌门人茫然四顾、不知所措，新机遇和新挑战的爆发几乎没给他们一分一秒的准备时间。几乎是一夜之间，市场占有率、价格、速度已经成了 20 世纪的竞争主题，网络的强势入侵和电商的爆发式崛起，给快递业带来了新的烦恼。对于顺丰而言，从产业链上游到服务链终端，网络介于二者之间，是纽带也是壁垒，如何跨界生长，如何利用技术优势带动企业转型成了本时期新的焦点。

涉足电商有喜有忧

进入互联网时代，技术的革新正在以摧枯拉朽之势拆除地域的壁垒和藩篱，网络的普及也在不知不觉中颠覆了传统行业掌门人对行业未来的认知，一个崭新而多变的时代正在快速侵入到各行各业中，让人应接不暇，也措手不及。在这个崭新而复杂的环境里，传统行业多领域发展已是大势所趋，但这条多元化的道路并不好走。

2009 年以后，随着新《邮政法》的出台，快递行业愈发规范化，顺丰和其他快递企业的发展在很大程度上受到国家政策及宏观经济的影响。根据相关数据显示，2008 年，我国 M2[1]货币总量约为 47.5 万亿，到 2010 年，已经飙升至 72.58 万亿元；与此同时，我国 GDP 由 2008 年的 31.92 亿万元增长到 2010 年的 40.15 亿万元。通胀压力下，国内物价、用地价格、人力资源价格大幅度上升。作为劳动密集型产业，快递行业的成本也随之攀升。

不仅如此，以互联网为依托的电子商务的蓬勃发展在给大多数传统快递企业带来巨大业务量的同时，也间接给顺丰施加了不小的压力。"四通一达"作为淘宝的主要合作对象，正在分食着来自淘宝 80% 的

---

[1] M2：广义货币供应量（M2）是指流通于银行体系之外的现金加上企业存款、居民储蓄存款以及其他存款，它包括了一切可能成为现实购买力的货币形式，通常反映的是社会总需求变化和未来通胀的压力状态。近年来，很多国家都把 M2 作为货币供应量的调控目标。

快递业务，而顺丰在淘宝的业务量却只占 10% 左右的市场份额。究其原因，一方面，顺丰的价格并不是绝大多数淘宝店主能承担得起的；另一方面，淘宝网的客户也并非时效性客户。因此，顺丰想要在淘宝这儿分一杯羹其实是难上加难的。

业务量的占有率和成本的剧增给王卫带来了不小的压力，电商强势布局物流网络也让快递行业的领军人物如坐针毡，在腹背受敌的局面里，如何出招，成了摆在王卫面前的又一道难题。

经过深思熟虑，作为以快递为核心业务的企业，王卫想到了向产业链上游——电子商务进军的险招。"谁有不如自己有"，这个思路在电商布局物流网络的案例上也可见一斑，作为业务能力过硬的快递业龙头老大，如果将触角伸入产业链上游，成立自己的电商平台，拥有自己的订单，又会给顺丰带来怎样的变化呢？

时间回到 2010 年 12 月，王卫曾非常自信地说："2011 年我们会侧重发展电子商务。首先要加深对电子商务的理解，如果不理解这个行业，就很难有一个好的开始。开头没做好，那接下来不管你做什么，都是对错误的不断放大。所以，我们前期一直在对资源进行有效整合。"

但是王卫所说的"好的开始"指的是什么呢？如果说中国的经济像个炫丽的万花筒，很多意气风发的年轻人借助改革开放的东风纷纷入场一探究竟，共同将中国社会经济发展引向繁荣的话，那么顺丰在明确要进军电子商务领域的前期，其实也在内部做过一次小小的尝试。对于这个内部试验，行事谨慎又魄力十足的王卫认为，一旦这次尝试成功了，顺丰将在电子商务发展这一块迎来新的利润突破口；一旦尝试失败，也没有什么损失。

2009 年中秋节，就在家家户户都和往常一样庆祝亲人团聚、准备共度月圆之夜的时候，在我国嘉兴地区，节假日仍在辛苦工作的顺丰快递员们已经多了一个新的身份——五芳斋粽子推销员。那天，顺丰嘉兴地区的快递员在派件结束后并没有马上离开，而是向客户推销起了远近闻名的五芳斋粽子。这是王卫又一次"不走寻常路"的创新之举。

令人惊喜的是，这次创新之举居然迎来了一个意想不到的"开门红"，就在端午节当天，顺丰快递员居然卖掉了一百多万个五芳斋粽子。这个成绩自然是喜人的，王卫也由此更加坚定了自己的想法。

随着社会发展速度的加快，人们的生活节奏也越来越快，很多传统节日更是被忙碌的工作和日常生活的琐碎冲淡了气氛。因此，的确存在"节日到了东西却没买好"这种煞风景的情况，而顺丰的节日推销模式刚好弥补了这一缺憾，对很多客户来说，这一服务刚好满足客户需求，甚至给人带来了惊喜，解了节日里的"忧愁"。

因此2009年端午节之后，每逢中秋节、春节、元宵节这些传统节日，顺丰快递员就会在当天扮演双重角色——顺丰快递员＋节日礼品业务代表。月饼、年货、阳澄湖大闸蟹，都成了顺丰快递员节日里向客户推销的首选产品，2010年中秋节，顺丰利用这一模式卖掉了500多万个粽子。

这一模式的成功给了王卫很大的信心，也让他对顺丰如何跻身电商行业进行了为期一年的考虑。有学者称，如果阿里巴巴和京东改变了中国人和商品的关系，那么互联网的出现则正在改变着消费者与服务的关系。O2O概念的出现是最为直观的反馈。所谓O2O模式，顾名思义，是"Online to Offline"的缩写，即将线下的商务机会与互联网结合，让互联网成为线下交易的平台，这个概念最早源于美国。在我国，O2O模式于2013年进入了高速发展阶段。

2010年8月，一个叫"顺丰E商圈"的平台悄然诞生了，该平台是顺丰速运精心打造的健康生活网上购物网站，该网站凭借顺丰速运的物流覆盖范围和互联网技术，为用户提供产品。在"E商圈"旗下进行销售的产品不仅包括各种中国传统节日的必备礼品，还包括数码、母婴产品、各地特产以及各种各样的商务礼品。"E商圈"的诞生标志着顺丰开始正式涉足电商，也标志着顺丰O2O模式的全面启动。

对于顺丰开设"E商圈"网站这一举动，有业内人士认为，顺丰自建电子商城是快递行业的第二次试水，民营快递要来分电商企业的蛋糕，面临的困难会更大，当前的一轮自然热，未必会对电子商务行业有实质性的撼动。时任中国电子商务协会副理事长的陈震也曾表示，目前国内电商的发展速度是 200%-300%，而物流增速只有 40%，远远跟不上电商的速度。

但王卫的电商初体验也不是单纯地将"粽子模式"搬运到线上，2010 年，就在王卫着手"E 商圈"的同时，顺丰已同步在深圳布局了与之相关的便利店业务，消费者在网上下单后，可到便利店自行取货，也可以到门店体验产品后再在线上下单，实现双向互通。

王卫一方面精准布局"商务礼品"这一市场，直接对接了顺丰的中高端客户群体；另一方面，O2O 模式和便利店业务的结合也给顺丰的电商平台增色不少。然而，看似完美的计划却仍然因现实因素的残酷而没能达到王卫预期的目标。

正如业内人士分析的那样，快递行业的主营业务还是快递，虽然快递公司在货运方面占据优势，但是涉足电商需要一定的经营经验，这是制胜的关键，却也恰恰是快递企业无法和电商企业相匹敌的。于是，不到一年的时间，"E 商圈"就因经营经验不足，悄悄退出了人们的视野，顺丰也关闭了其在内地的业务，将主阵地转移到了香港。

但是"E 商圈"的小小挫败并没有让王卫放弃行业融合、跨界电商的想法。2012 年 3 月，一个名叫"尊礼会"的高端礼品线上购物平台华丽亮相。入驻该网站的商品品类繁多，主要涵盖了商务、办公、工艺品、数码、烟酒茶等十多个品类。显而易见，这又是一个定位于中高端商务礼品的在线销售服务平台。然而和"E 商圈"的命运一样，该产品上线不久便因效益不佳而停止运营了。业内人士对这次试水的评价是"此次顺丰推出礼品电商平台的目的还不够清晰"。

两次折戟沉沙让王卫涉足电商之路的开头并不美好，但这个坚韧的、希望在大趋势下能够通过多次尝试为企业带来逆转的带头人，依然没有放弃这条路。

2012 年，以"高端食品的电商平台"为定位的"顺丰优选"正式上线，作为顺丰推出的第三个电商平台，王卫对其寄予厚望。据说，在"顺丰优选"上线之前，王卫曾专门从深圳飞到北京给高管们开会，并再三强调"顺丰优选是不能失败的项目"。"顺丰优选"以"优选商品，服务到家"为宗旨，依托线上电商平台与线下社区门店，为用户提供日常所需的全球优质美食；更以"全球美食、产地直采、全程冷链、顺丰直达"等品牌优势为依托，开启了线上线下融合的资源整合之路，成功从垂直生鲜电商平台转变成了一个综合类电商平台。和此前推出的两个电商产品相比，"顺丰优选"的目标的确清晰了不少。

2014 年，顺丰又重磅推出了旗下唯一一个自营跨境进口电商平台——"顺丰海淘"，2015 年 10 月，正式更名为"丰趣海淘"。该平台以自有采购团队和境外电商组合的方式，为消费者提供海外优质品牌的进口商品。产品包括母婴用品、保健品、快消日用品、流行服饰箱包、居家生活用品，以及各种多元化的海外生活体验商品。这个平台刚成立时，销售额已经有半数以上来自直邮，前期发展还是不错的。

于是王卫又加快步伐，2014 年 5 月，被顺丰定位为"'最后一公里'的社区 O2O 项目"——"嘿客"正式亮相了，王卫希望借此打造一个线上购买与线下投取相结合的平台，做中国物流领域的百货公司。然而，这个美好的构想却没能描绘出一张伟大的蓝图，"嘿客"的上线虽然引发了业界的惊叹和关注，但成本过高、利润过低，自 2015 年年初就开始面临严重亏损、闭店以及裁员的危机。虽然顺丰迅速对其进行了转型，但是转型的结果并不理想。无奈之下，"嘿客"只能被并入"顺丰优选"，但在一系列调整仍然不见起色之后，2016 年 10 月，"嘿客"以及由"嘿客"门店调整而来的店铺也几乎同时被淘汰。

"嘿客"的失败让王卫陷入了反思，虽然涉足电商领域能够将产业链上游的订单引入顺丰，提高业务量，但是这些举措并没有从根本上发挥出顺丰自身的优势，也没能为顺丰的业务量提升带来质的改变。所以简单休整之后，顺丰调整了战略方针。

2016 年 8 月，一个名叫"大物图"的平台开始上线运营，这是顺丰首次尝试以 B2B 模式[1]切入生鲜电商领域。该平台以顺丰先进的运输手段为依托，提供"全程冷链"运输，致力于聚合生鲜买卖双方信息，简化传统生鲜采购批发流程，提供一站式生鲜采购批发解决方案。相比较而言，B2B 模式的确更适合顺丰的发展，不仅订单相对稳定，而且对供应商的数量要求也不高。业内对"大物图"的定位和发展也是持肯定态度的，不过至于其发展前景，还要时间来证明。

2016 年，一直想和国际巨头比肩的王卫并不满足于将顺丰旗下的电商业务局限于国内，于是，顺丰在海外市场的电商试水项目也正式启动了。

当年 4 月，"丰卖网"在俄罗斯上线，成为顺丰首个海外电商平台，"丰卖网"主要以服饰、鞋包、电子产品、美容、母婴、家居园艺及汽配产品为主，并且和俄罗斯排名第一的本土电商 Ulmart 进行合作，实现出口分销功能。跨境发展、强强联合，是否能让顺丰实现华丽蜕变？一切都还不明朗。

如今搜索"丰卖网"官网可以看到，顺丰在网站首页贴出了"丰卖网东欧/东南亚/中东站点面向全球招商"的字样。王卫的野心和形势所迫让他在这次踏足电子商务领域的尝试中一直向前走，但是回首顺丰的电商之路，这些年似乎只有"顺丰优选"和"丰趣海淘"小有成绩，其他几个电商平台基本上都以失败告终了。

毕竟任何人踏足自己不熟悉的新领域，都会有盲点和误区。这也是为什么在顺丰布局电商之前，王卫一再强调要先"理解电商行业"，可以说，王卫意识到了制胜的前提，却无法在短时间内找到其关窍。二十几年来，顺丰作为老牌快递企业，在互联网布局和运营上还缺乏一定的专业度，尤其是在淘宝、京东等大牌电商企业已经日臻成熟时，

---

[1] B2B 模式：Business To Business，是一种企业与企业之间通过互联网进行产品、服务及信息交换的营销模式。

顺丰单枪匹马地闯入，更是缺乏与之抗衡的核心竞争力。

　　另外，在顺丰推出的几大电商平台上，其精细化定位看似满足了特定顾客群体的需求，但是对于消费者来说，大多数人更愿意选择那些非常成熟的诸如淘宝、京东这样的优质电商平台。不过，王卫对新时期环境变化的敏锐觉察和积极应对仍是值得肯定的。

移动网络玩转掌上服务

不知道从什么时候开始，报纸已经成了人们记忆中的老物件，取而代之的是各种新闻客户端，手机弹窗实时向人们传递着来自世界各地的讯息；那个需要依靠"人眼识别"和验钞机来保障收款安全的时代也在不知不觉中离我们远去，取而代之的是大到大型商厦、小到路边摊旁的收款二维码；除此之外，"亿通行"等 APP 对公交卡的取代；高德地图、百度地图等导航软件对传统纸质地图的取代；各大公园、电影院等娱乐场所电子购票的推出，等等，这一切都在向我们宣告着一个新的互联网时代的到来。其中，和快递行业关系最紧密的当然是我们反复提到的电子商务。

据相关数据显示，2013 年"双 11"，手机淘宝交易额为 53 亿元，2014 年"双 11"，淘宝移动端交易额已达到 243 亿元。这种翻倍式的增幅正在向人们传达着一个显而易见的关键信息——手机端交易额已经远远超越 PC 端，消费者新的购物习惯正在养成。这种看似无声无息实则惊天动地的变化也给快递行业带来了新的用户使用习惯，与移动互联网结合已是企业完善服务体系的必要一环，一向占据技术优势的顺丰自然不会落后。

作为顺丰总舵主，在王卫接受的为数不多的采访中，不止一次着重提到了互联网对各行各业的重塑和深远影响。于是，顺丰 APP、顺丰微信公众号以及支付业务，也就顺理成章地出现在人们的手机屏幕上了。

现在消费者想要寄快递，只需要打开顺丰 APP，填入正确地址和联系人，就可以实现"一键下单"，快递员将在规定时间内上门取件。曾几何时，那个靠打电话寄快递、手填快递单的时代似乎早已离我们远去了。顺丰速运 APP 基于 iOS、Android 操作系统，主要为客户提供自助下单、查件、订单管理、服务点查询、运费查询等一系列快件服务。消费者只需要打开 APP 找到服务窗口，几分钟内就能完成以上任意一项服务，地址簿的建立和管理更是提高了寄件速度，也大大提高了便利性和信息准确性。在消费者越发倾向于"自助服务"的新时代，各大快递公司也都相继推出了各自的 APP。

2011 年，微信的诞生又给顺丰在移动端的服务功能拓展上提供了新思路，成为顺丰在移动网络布局中新的着力点。当时，微信一经问世，全民立刻陷入了一种线上交流的狂欢之中。相较于此前火爆一时至今仍有非常可观的用户量的 QQ，微信的语音功能一度成为其问世之初备受人们喜爱的功能之一。不久以后，微信公众号诞生，从个人到企业纷纷加入到这个新产品中，公众号的推送功能和自定义的菜单管理为企业完善线上服务提供了极大的便利。顺丰速运微信公众号的成立不仅能同时满足顺丰 APP 上的所有功能，包括寄件、查询等，同时还多了一个第一时间向客户推送顺丰最新资讯的渠道和可能。信息的双向流通增加了客户和顺丰之间的黏性，也优化了客户体验。此外，客户还可以通过关注顺丰官方微信公众号的方式，对运费、时效、服务网点、收送范围等进行查询。全方位的资讯获取和多功能体验瞬间在"股掌之间"得到实现。

2014 年"双 11"期间，顺丰 APP 的下载量暴涨，根据当年国内最大的应用分发平台 360 手机助手发布的"双 11"APP 报告可以看到，顺丰 APP 成了当年快递类 APP 的下载状元。这不仅得益于早期开发软件时，顺丰就同时在 iOS 和 Android 双平台上上线，完美照顾到了广大消费群体的设备差异，也得益于顺丰多年来的行业经验，使顺丰在

APP 具体功能开发中表现得更加出色，充分满足了消费者的使用需求。这些都是其他同类 APP 短时间内无法赶超的。

移动端服务延伸和网络布局的相对顺利，让王卫松了一口气，而这些举措也都极大程度地便利了消费者。为了最大化提升客户体验，2014 年 7 月 25 日，顺丰速运在深圳率先开通了微信支付功能，该功能的开通，使"自助下单—自助支付—自助查询—自助订单"的"一站式"管理成为一种新的风尚。消费者从此告别了线下支付的不便和烦恼，通过微信扫描快递员手中的二维码，分秒之内就能顺利完成快递费的支付。

2014 年下半年，顺丰又紧锣密鼓地开始了对 APP 的升级工作，这项工作除了服务内容的增加和软件优化之外，更有另一层深意，王卫企图通过顺丰 APP 这一和客户紧密结合的角色，实现收件人与发件人、二者与快递员、用户与顺丰积分体系之间更加紧密的联系。这层关系网的建立对于提升客户黏度是非常有益的。经历了十几年的开拓和进取，如今的顺丰越来越稳健，如果说王卫以前的每一次出击都是为了迅速抢占市场和客户，那么现在的顺丰，每一步都是为了更加脚踏实地、更贴近客户的需求。

就像王卫自己所说，对于"快"的理解多种多样，但是进入互联网时代，顺丰的"快"更多地体现在对客户体验的关照上。掌上服务的实现就是其中的一步。"未来的'快'首先是要满足客户体验，然后再去快，而不是像以前那样无限度地追求快，没有去体会客户的体验。我们在客户还没有提出更高的要求或者已经开始要提出更高要求的时候，就要把我们整个服务和管控进行重新升级，升级到和客户有一个紧密互动的水平。"顺丰在移动互联网领域的开拓，恰恰体现了这一点。

冷链物流的速度优势

在借助产业链上游的业务优势为自身业务量带来扩充的同时，作为以快递业务为主的企业，顺丰真正扬长避短的地方其实是在冷链运输方面。顺丰的硬件设施、技术支持和管理模式，都在发展冷链物流上占据绝对优势。

2016 年 7 月 27 日，顺丰在苏州阳澄湖畔举行了"蟹闯天下，顺丰领鲜"2016 年大闸蟹寄递行业解决方案发布会。会上，顺丰速运率先推出了"天龙八部"大闸蟹行业解决方案。

所谓的"天龙八部"方案，指的是从包装、揽收、中转运输、派件、售后服务"5 部物流保障模式"以及"物流＋销售""物流＋推广""物流＋金融"3 项延伸服务入手，确保大闸蟹鲜活到家的新打法。

其实早在 2008 年，顺丰就已经与阳澄湖蟹农、蟹商携手，首次尝试了大闸蟹的寄送业务，8 年里，全国通过顺丰寄送的大闸蟹已经达到了 1300 万单，约有 1 亿只大闸蟹通过顺丰送到了全国消费者手中。

2016 年，顺丰冷运又在"网络化、专业化、信息化"方面加大投入和布局，以全程冷链运输的方式为大闸蟹等生鲜产品的寄递注入了新的活力。

同年 11 月 1 日，顺丰又携手赣南脐橙在江西赣州举行了桔橙寄递行业解决方案发布会，这个发布会的召开，掀起了水果寄递行业的讨论热潮。针对桔橙寄递的特点，顺丰在寄递方案上做出了很大的创新和改变。不仅提供多元化产品（服务），扩大了物流运输网络，提升了运输时效，还特别针对北方寒冷地区研发了专门专属的包装方案，以防因温差导致的桔橙冻伤、冻坏等情况出现。

顺丰的这一套精细化方案，真正实现了"从枝头到餐桌"的贴心服务，并因其方案的完善和细化实现了寄递市场的"顺丰标准"。

早在 2003 年，王卫和扬子江快运签署协议的时候，借力腾飞的顺丰就已经在速度上占了极大的先机，所谓厚积薄发，就在此时。一向以"快"著称的顺丰，在充分利用自身速度优势的同时，依托其强大的冷链运输网和温控管理系统，为食品和医药冷链客户提供了专业的冷运服务。不过，开展冷链运输业务并不是一蹴而就的，更不是"拍脑门儿"的决定。这一切都是王卫长远布局中的一步棋，在落子之前，思忖良久。

在涉足电商领域的尝试中，王卫虽然屡尝失败，却一直在失败中为这一步棋积累着经验。2013 年，"顺丰优选"时任 CEO 李东起在接受采访时强调："表面上我们是在做电商，实际上是为冷链系统的建设以及后台的仓储物流试水，这是主要目的。"虽然在此前的采访中，"顺丰优选"两届 CEO 对项目开设目的的表述并不一致，但不可否认的是，"顺丰优选"作为顺丰速运旗下首个食品电商平台，的确在经营过程中积累了不少冷库建设、冷链物流等多方面的经验。

2014 年 9 月 25 日，顺丰正式推出了"顺丰冷运"，并在冷链运输这块新的业务上不断创新、完善。现如今，经过 6 年的摸索和发展，顺丰冷运业务已经相当完善。

如今，我们可以看到，顺丰冷运的具体业务大致可分为六项精细化服务，其中各有各的规范和目标定位：

1. 冷运特惠。

服务介绍：基于冷仓，对冷冻食品提供全程陆运冷链运输，末端优先派送的专属快递服务。

服务特性：全程陆运冷链，确保快件温控，末端优先派送。

服务范围：中国内地地区近 300 个城市。

服务时效：2-5 天。

2. 冷运到店。

服务介绍：为有温度要求的食品类货物进行周期性集中配载，基于陆运的点到多点的区域型城市配送服务。

服务特性：全程冷链、温度监控、专业配送、客制化服务。

服务范围：中国内地地区，有顺丰冷仓城市的同城、省内／经济圈（仅限京津冀、江浙沪）（地址限省、市、区／县三级地址）范围内需致电客服详询。

服务时效：客户指定具体时间。

3. 顺丰冷运零担。

服务介绍：为了满足客户货物不足整车运输的需求，根据货物的属性和温湿度要求，通过集拼或分拨、多温控制、多产品配载等技术和管理手段，为客户提供的多批次、小批量的零担物流服务。

服务特性：班车化运作，每天固定时间发车、固定时间到车；时效稳定，覆盖范围广。

服务范围：覆盖全国大部分一、二线城市。

服务时效：80% 流向时效 5 天内。

4. 冷运小票零担。

服务介绍：针对客户 20-200 公斤货物的发货需求，根据货物的属性和温湿度等服务要求，通过集拼或分拨、多温控制、多产品配载等技术和管理手段，为客户提供的多批次、小批量的门到门运输的零担物流服务。

服务特性：门到门上门提派，更省心；优先提派，时效领先。

服务范围：覆盖中国内地大部分一、二线城市。

服务时效：中国内地省内次日，省外 2-4 天，偏远地区加 1 个工作日。

5. 冷运专车。

服务介绍：根据客户提供线路相对固定地址的跨区域冷藏车运输，

满足客户发运整车货物的运输需求而定制的、符合行业规范的专运产品，通过点对点、点对多点的方式实现货物完全直达，避免中转环节；同时为客户提供温度全程数据、单据回收、保价等增值服务。

（1）点对点：指针对同一寄件客户收件地址只有一个的订单。

（2）点对多点：指针对同一寄件客户收件地址有多个的订单，按收件地址数生成多个运单，运费仅挂在其中一单上，其他费用按每一单计算。

服务特性：全程冷运，需冷藏货品，所有环节实现温控；全程监控，提供全程运输温度数据；安全直达，专业团队配送，确保货物安全、准时到达；客制化服务，可为客户提供指定地址、点对（多）点的城市配送服务。

服务范围：中国内地地区，具体服务范围详询当地冷运分公司。

服务时效：依据客户需求以及具体线路运行时长承诺时效。

6. 冷运仓储。

服务介绍：提供货物冷库存储、分拣、包装、配送、信息流转等一体化冷运服务。服务温区：冷藏库（0 ~ 10℃），冷鲜库（0 ~ 4℃），保鲜库（8 ~ 15℃），超低温库（＜ -25℃），冷冻库（＜ -18℃），恒温库（15 ~ 22℃），常温库。

服务特性：冷仓覆盖范围广，仓储能力强，通过每个仓的辐射范围，干、配可覆盖全国；整进零出，可提供小批次、多品类操作服务；可提供全国分仓服务；多温区存储，全天24小时温度监控，过程可溯。

服务范围：中国内地地区主要城市。

可见，顺丰在主营业务上的优势发挥是游刃有余的，无论在精细化定位还是在专业度层面，都是国内快递企业的表率。2017 年，在顺丰和"菜鸟网络"发生的那场正面交锋中也可以看到，顺丰冷链运输已经满足了特定客户的特定需求，占据了相当可观的市场份额，甚至成了冷链运输方面不可替代的选择。但从正式开展冷链运输，到 2017 年小摩擦中仍成客户首选，顺丰仅用了 3 年的时间。

首触金融，贵在尝试

作为近百年来最伟大的发明，互联网的出现和蓬勃发展也让行业融合成为一种必然的趋势，尤其是在科技更加发达的国际快递市场上，几大快递巨头充分利用互联网技术，纷纷在快递之外的其他领域开疆扩土，其中就包括金融领域。

作为中国民营快递企业的"领头羊"，顺丰一直处于核心地带，王卫的目光也始终聚焦在国内与国际市场上。近年来，触网触电的顺丰厉兵秣马，多领域发展的同时已准备好向金融领域进军，"互联网 + 金融"的模式在这次探索中闪亮登场。

总结顺丰这些年在金融领域的布局可以发现，其业务主要包括三大块：一块是供应链金融，另外两块分别是综合支付和财富管理。作为金融服务的一种，供应链金融（Supply Chain Finance）指的是银行围绕核心企业，管理上下游中小企业的资金流和物流，并把单个企业的不可控风险转变为供应链企业整体的可控风险，通过立体获取各类信息，将风险控制在最低的金融服务。作为商业银行信贷业务的一个专业领域，供应链金融同时也是企业尤其是中小企业的一种融资渠道。

如今谈到供应链金融的概念，讲美国的模式较多，而提到美国模式，就不得不提 UPS 的供应链金融业务。作为美国的快递巨头之一，UPS 做供应链金融有一个先天的优势，那就是它自身拥有的强大物流能力，这对于做到物流和资金链的统一来说是至关重要的，做到这一点，能够最大程度地确保资金安全。

顺丰初创时，王卫曾说，他致力于把顺丰打造成中国的联邦快递。因此，当国际巨头已经将触角伸入金融领域，并取得了理想的成绩之后，顺丰进入金融业的念头也在王卫心中萌生了。

结合自身的优势和特点，顺丰地处经济发达、金融政策好的广东，此外，其强大的物流网络以及行业内首屈一指的 IT 技术支持，都是顺丰进军金融领域强有力的后盾。

顺丰的供应链金融是基于顺丰多元业务的基础上，参与物流、信息流、资金流的控制，从而建立起来的产业链金融服务体系，可提供商业保障、订单融资、融资租赁、仓储融资等一系列"物流 + 金融"等综合解决方案。2016 年 10 月 11 日，顺恒融丰供应链科技有限公司在深圳市南山区正式成立。

不过，王卫带领顺丰进军金融领域却要从 2010 年 7 月开始讲起。当时"顺丰 E 商圈"进军电子商务领域，投入运营后，"顺丰宝"作为其配套的支付工具也应运而生，这是王卫在金融业布的第一枚棋。作为顺丰内部的第三方支付工具，其旗下大部分实体商业用户间的资金流转都通过"顺丰宝"完成，此外，顺丰的速递业务和代收货款等业务也被统一到该平台上。2011 年 12 月 21 日，"顺丰宝"通过深圳市泰海网络科技服务有限公司获得中国人民银行颁发的有效期为 5 年的第三方支付牌照，3 年以后，顺丰又推出了"顺丰宝"升级版"顺手付"，并拥有独立域名。

2014 年，顺丰向金融领域的扩张又迈进了一步，在一则引起业内哗然的招聘启事中，顺丰表示本次招聘的应征者在受聘后需要负责顺银金融的地区性业务，包括"全面制定顺银金融业务组的工作计划，沟通并协调地区各项金融相关事宜，确保信贷、支付等工作顺利开展"等，这个名叫"顺银金融"的交易平台就是王卫在金融业布局的第二枚棋。顺银金融的客户类型主要以顺丰速运的客户为主，尤其是合作紧密的电商企业，顺银金融将为其提供支付、供应链融资等服务。随着该平台正式上线，并获得央行发放的银行卡收单牌照，顺丰在金融领域的稳步发展引起了竞争对手们的关注和警惕。

但是顺银金融某高管却透露："虽然获得了两大第三方支付牌照保障，但顺丰的金融交易业务主要还是做内部服务，是整合升级集约化功能系统的一个工具……两三年内不会对外。"王卫也曾对外宣称，顺丰目前的金融交易业务都是在做内部服务，不会对传统金融业构成威胁，但是，顺丰在互联网金融领域收获颇丰却是有目共睹的事实，在竞争进入白热化的第三方支付市场，手握两张第三方支付牌照的顺丰，一旦有一点儿风吹草动，都可以随时在对外支付等金融业务上强势发力。

除了金融交易业务，顺丰并没忘了自己的"老本行"，接下来，王卫充分利用顺丰自身的快递服务，针对银行和保险两大金融机构，加速其在垂直金融服务领域的布局。为此，顺丰专门成立了顺丰金融保险服务事业部，主要为银行和保险机构提供物流链方面的服务。

在与保险公司的合作中，顺丰的业务开展非常全面，同时与中国平安、阳光保险、中美大都会、人保公司、太平洋保险等多家保险公司合作，开展车险和寿险领域的保单专送业务。此外，为了提高客户的末端服务体验，顺丰在派送保单基础上，还提供拍照验证、保单管理等增值服务。

互联网保险业作为我国发展势头正猛的新兴行业，为顺丰此次布局带来了一阵东风，这是一个充满狂喜而又略显杂乱的商业世界，新技术、新行业的层出不穷让人们应接不暇，如何在乱局和狂喜中冷静观察，找到发力点，是企业转型制胜的关键。

2014 年 7 月，顺丰借助互联网保险的东风，正式与老牌银行联手，推出了银行业专属的物流服务产品——"汇票专送"。该服务主要是向一些银行白金卡用户提供直接的配送服务。难能可贵的是，乱局之中，王卫仍能"万变不离其宗"，始终围绕高端客户服务开展相关业务，这也是顺丰多年来赢得客户稳定好评的关键，顺丰也以鲸吞虎踞的态势，强势向传统金融业"叫板"。

时间窗口，"快递+便利店"新模式

2019年8月14日，一场以"聚智末端、洞见未来"为主题的2019中国快递"最后一公里"峰会在京召开。所谓的"最后一公里"，在物流行业里指的是物流配送的最后一个环节，其特点是实现"门到门"服务，按时、按需送货上门。因此"最后一公里"服务的优化和提升，能够极大程度地方便消费者，提高用户满意度的同时，也为快递企业扩大了客户群。

国家邮政局副局长刘君在会上强调，"最后一公里"作为流程末端，是"人民群众对快递服务感受最深切最敏感的部位"，并呼吁快递业内和社会各界对快递末端发展给予关注。

但多年来，这始终是快递企业提升服务水平的瓶颈。在我国，快递行业作为劳动密集型产业，人员招聘和管理都面临着很大的困难；另外，随着电子商务的发展，订单分布越来越分散，尤其是中西部地区和三四线中小城市的订单增长也使快递业的"最后一公里"面临着更加复杂的局面。

在顺丰，王卫也同样面临着这样的问题。如何打破困局，如何在其他人突破瓶颈前抢占先机是王卫的当务之急。

2011年10月16日，在一个普通的南方秋日清晨，深圳市居民一觉醒来发现很多7-11便利店门外都挂出了顺丰速运"授权代办点"的标志。当时，快递和便利店的结合在国内市场上还是非常少见的，但在国外，早在 20 世纪早期，就已经有了便利店和快递行业的结合，并产生了便利店配送的模式。这一模式的服务方法通常是，便利店先从零售行业做起，当自己的营业网点达到一定数量以后，便开始和快递合作，借助分布广泛的便利店网点将快件分配到客户手中。

例如，日本的宅急便与 7-11 便利店、罗森等大型便利店的合作就是在这方面发展相对成熟的案例，这些便利店在日本分布广泛，有些已经分布到偏远地区，快递企业和便利店合作，将实现包括偏远地区在内的 24 小时全天候受理包裹快递业务，甚至可以根据客户的需求实现私人订制的个性化服务，这是国外早已有的"最后一公里"服务模式之一。

但是在国内，由于我国快递业和便利店都起步较晚，且国土面积辽阔，民营快递早些年又专注在市场扩张上，因此，"最后一公里"的服务提升是一块难啃的骨头，始终无人顾及。除了国有快递 EMS 从 2007 年开始与 7-11 便利店展开合作以外，民营快递企业始终没能迈出这一步。

2011 年，王卫率先打破了僵局，试图通过国际上已经走通的模式去打破瓶颈，一方面是希望借此将顺丰服务做到一流；另一方面也是希望通过"最后一公里"的服务优化吸引更多的客户。而且，便利店的网点优势更加助力了顺丰的业务发展，也在一定程度上降低了用人成本、减轻了运营压力。

于是从 2011 年的那个秋天开始，深圳、东莞、厦门等地的 7-11 便利店陆续开始了和顺丰的合作。入冬以后，12 月 1 日，在广州拥有 48 家连锁店的 8 字便利店也携手顺丰，走上了合作转型之路。2013 年，南京市苏果连锁便利店也与顺丰达成了合作意向。

起初，这一模式的出现的确受到了消费者的欢迎，这让王卫信心倍增，2014 年，"嘿客"的问世又让深圳一夜之间多了 20 多家顺丰自营的便利店，这些自营便利店除了收发快递以外，还增加了一些日用品的零售业务。和我们前文提到的一样，"嘿客"是顺丰进军电子商务的一次创新尝试。这个身兼数职的便利店能否给王卫带来惊喜，在当时还是未知数。

一年以后，作为"嘿客"升级版的门店"顺丰家"诞生。顺丰自营便利店的面纱被彻底摘下，对此，顺丰对外的说法是这些自营便利店将主要以收发快递业务为主，零售业务为辅，为的是更大化铺开网点，为更多消费者提供便利。

随后，顺丰还在北京通州区开设了很多自营便利店，并打出了"在便利店购物满 10 元便可享受送货上门服务"的口号，但是没过多久，就有消费者发现，其中一家名叫新华联家园的门店已经悄无声息地撤销了零售业务，渐渐转变成了普通的快递网点。

不久以后，顺丰对此事做出回应，表示除了这家门店，其他顺丰自营便利店仍然保留"快递＋零售"两项业务。该门店零售业务撤销的主要原因是选址不当，周围竞争激烈，和顺丰新模式的战略部署无关。

但是在此后几年的发展中，这一模式并没有实现王卫的预期，顺丰作为"第一个吃螃蟹的人"，最早尝试了"快递＋便利店"的模式，在这个模式中，王卫有敢为人先的勇气，但也有思虑不周的地方。新模式的问世同时伴随着几个也许还没来得及思考清楚的问题，比如，为了提高服务链终端的客户体验，如此大面积地开展与便利店合作的模式，是否真的能让投入和盈利成正比？以收发快递为业务之一的便利店，尤其是快递企业出身的顺丰自营的便利店，店内商品是否齐全，是否真的是贴近生活的必需品？有限的店面空间真的足够支撑起自营便利店的零售业务？自营便利店提供的诸如干洗、文件打印、机票预订等看似便民的服务，是否真的便民？在还未开始扩张就有门店已停业的尴尬境地中，这些问题不能不重新考虑。

"互联网＋"，优势互补强强合作

近年来，"互联网＋"的概念频频被人们提起，所谓"互联网＋"，简答地说就是"互联网＋传统行业"，随着科技发展，利用信息和互联网平台来发展传统行业，使互联网和传统行业进行融合，为传统行业的发展创造新的机会早就成了一种新的趋势。

几年里，王卫也在这方面做着不懈的努力和尝试，但就好像武林争霸一样，如果把商界的领军人物比作门派各异的武林高手，每个人其实都拥有一项独门秘籍，想要打通到其他门派内部，或者借助他人的武艺来修炼自己的内功，怕是不容易做到的。商界犹如武林，高手过招的精彩之处就在于各有各的看家本领，这样才有制衡。

因此无论环境怎么变化，无论技术怎么迭代，竞争和合作是前进路上永恒的主题。顺丰多年来自建电商平台、涉足金融领域，包括与便利店合作的新模式的诞生都印证了这一点，想要跻身其他领域并非易事。但如果在发挥自身长处的同时，能抓住其他行业伙伴的需求，在"互联网＋"的基础上实现强强联合，那就是另一番局面了。

在美国，有一家卖鞋的B2C[1]网站——Amazon Zappos，这个成立于1999年的网站一度成为美国最大的网上售鞋网站，甚至超过了

---

[1]　B2C：Business-to-Consumer，是指电子商务的一种模式，也是直接面向消费者销售产品和服务的商业零售模式。

Amazon。2009 年 11 月，Amazon 收购了 Zappos，标价 12 亿美元。随后该网站与美国快递巨头 UPS 展开了合作。

UPS 可以根据历史的物流数据帮助 Zappos 预测订单；将运输费用计入营销费用。忠实顾客可享受四年免费退货服务，体现了物流对于电商品牌的营销功能；在高峰期，UPS 到 Zappos 的取件频率可达到每小时一次，这种对接称得上是无缝对接。

2013 年，我国商界也上演了类似的一幕。2013 年 11 月，在又一年"双11"网购浪潮中，顺丰与腾讯旗下的购物网站易迅网达成了全面战略合作。当时，易迅网作为一家购物网站，也同样面临着自建物流的难题，与顺丰的合作，让这个难题迎刃而解，顺丰强大的物流网络可以覆盖到易迅自建物流无法达到的区域。据相关数据，自顺丰和易迅合作以后，易迅网货到付款的城市从此前的不足 100 个地级市迅速覆盖了几乎全国所有省、市、自治区的 300 多个地级市。强大的物流支撑让易迅再无后顾之忧，顺丰也在这次合作中收获颇丰。

可以说，这次合作是"互联网＋"模式的一次完美亮相，当时由于电子商务的崛起，电商成了快递行业的主要业务来源，顺丰想要进军电商，电商也急需自建物流网络，然而无论是哪种方向的融合和跨界，都无法在短时间内完成。而顺丰和易迅的合作是名副其实的"强强联合，互补短板"，双方各自发挥自身的优势，在合作中用自身强项弥补对方的短板，对彼此都是一举两得的事。

就顺丰而言，与易迅的合作一方面可以扩大自身的业务量，另一方面也为顺丰踏足电商领域积累了一定的经验。二者希望借此项目打造成 B2C 与第三方物流企业合作的标杆。显然，他们的尝试是值得其他同类企业学习的。合作的顺利开展让双方都信心满满，2013 年"双11"期间，顺丰和易迅对接成立了跨公司的项目团队，完成了两个公司系统的深度对接。

除了与易迅的合作之外，顺丰还和小米展开了业务往来。2014 年，王卫和小米创始人雷军的密谈引起了业内的广泛猜测。雷军曾经多次在提到移动互联网时说到"台风口的猪"的概念，王卫也曾在采访中表示，未来是互联网和人工智能的时代，是被科技改变的时代，各企业能够和互联网联动起来，就是东风，联动不上，就是台风。

两位创始人在各自的领域都取得了不凡的成绩，在这次不知是东风还是台风的气候里，他们将如何借势崛起呢？和易迅的选择如出一辙，小米的互联网思维在这次合作中再次得到发挥，强强联合成了两大企业默契十足的选择。

2014年，小米"米粉节"刚过，就有有心人发现，在本次"米粉节"上，小米共销售了130万台手机，其中由顺丰负责派送的有60%的订单量。那段时间，由于小米承诺客户，手机将在48小时内送达，因此常有人看到深夜里还在派件的顺丰快递员。顺丰的适时出现，让雷军的小米供应链得到了完善。同时，在各企业都在学习雷军的互联网思维的时候，顺丰和小米的携手让人们不禁猜测，顺丰是否会借此机会运用互联网思维，继续在快递行业开辟新的疆域？

未来永远未知，就连当下的棋局也很难一眼看清，时代的飞速进步，让商界陷入了一个近乎亢奋而又时刻需要猛踩刹车的乱局之中。顺丰在这场激变中想要再次脱颖而出是不容易的，行业的跨界和融合不仅分散了彼此的注意力，也因"外行"的进入给传统模式注入了新的血液，这份新的血液的注入是新的活力的激发，还是会引发新一轮的水土不服？不到最后一刻谁也无法下定论。

错综复杂的棋局像参不透的谜题一样，让所有人陷入沉思却又不敢原地踏步。为了打破行业壁垒，做到行业融合，高效完成企业优化，王卫的这条路走得勇敢而又孤单。但是当混战不可选择地迎面而来的时候，真正的勇者也只能亮剑冲锋了。

第五章

绝处逢生：危机即为战机

　　进入 21 世纪以后，被誉为"觉醒的雄狮"的中国翻开了新的一页，中国企业家们的承受力也在经受着新的考验和打磨。在顺丰成立的十余个年头里，中国经济的发展也在以变幻莫测的态势发生着巨大的改变，大到经济政策，小到市场竞争，无一不牵动着中国企业的命脉。面对层出不穷的新技术革新和猝不及防的危机的降临，顺丰一直以积极、敢担当的态度直面现实。

与国际军团正面交锋

"我们还太嫩，我们公司经过十年的顺利发展，没有经历过挫折；不经过挫折，就不知道如何走向正确的道路。磨难是一笔财富，而我们没有经历过磨难，这是我们最大的弱点。"这是 2001 年在 IT 界广为流传的一篇文章中的一段话，文章的标题叫《华为的冬天》，作者是如今已年过七旬的华为创始人任正非。

跟着这篇文章回到 21 世纪的开端，我们不得不承认，2001 年是中国企业界自改革开放以后所经历的不平凡的一年。甚至在当代史学家的叙述中，这一年都被看作中国在众目睽睽之下发生了"质"的改变的一年。

11 月 10 日，在卡塔尔首都多哈举办的世界贸易组织第四届部长级会议上，与会国家以全体协商一致的方式，审议并通过了中国加入世界贸易组织的决定。12 月 11 日，中国正式成为世界贸易组织成员国。从中国加入 WTO 那一天起，国际快递巨头也纷纷在这个时候上演了一出真正的"狼来了"。其实早在 20 世纪七八十年代，四大国际快递巨头就已经对中国这个庞大的市场蠢蠢欲动了。辽阔的国土面积、庞大的人口基数、刚刚打开的国门，无一不是他们进入中国快递市场的理由。

因此，在改革的春风吹遍神州大地的时候，远在大洋彼岸的 DHL、UPS、FedEx、TNT 四大国际快递巨头纷纷来到了中国这片神秘的土地，它们或与中国企业合资，或在中国建立代理关系，很快，这些国际选手就凭借着自身庞大的国际网络和高质量的服务在中国快递市场占有了一席之地。

1984年，美国联邦快递（FedEx）较早看准了中国这个庞大的市场空间，并以外资公司的身份顺利进入中国市场，迅速将服务范围扩大到全国60个城市。1999年，联邦快递又与天津大田集团在北京成立合资企业大田-联邦快递有限公司，进一步推动了中国快递业务的发展。

1986年，敦豪国际（DHL）与中国对外贸易运输集团总公司各注资50%，在北京成立了中外运-敦豪国际航空快件有限公司，这也是在中国成立最早、经验最丰富的国际航空快递公司。

1988年，UPS和TNT也先后来到中国市场，并制定了长期的投资计划。

而此时的王卫、聂腾飞等人还是正在学校读书的少年，内地的经济发展也还没到暴露明显的快递需求的时候。中国民营快递还处于酝酿期。在国内快递市场上，只有国有的中国邮政，而在国际快递方面，据统计，20世纪90年代中期，四大国际快递企业曾一度占领了中国境内80%的国际快递服务市场份额。这几乎是难以想象的，甚至是不可置信的。

到了90年代初期，中国民营快递企业才不约而同地在1993年的中国相继诞生，并跌跌撞撞地开始了各自的成长之路。在我国民营快递刚刚诞生的时候，由于政策的管制，国际快递公司在我国只能从事国际航线的进出境快递业务，业务范围还无法涵盖国内市场。这就给了中国民营快递企业成长和喘息的时间。但是民族企业和外资企业的竞争却是躲也躲不过的，它早晚要来。

时间拉到2001年的冬天，企业界的很多人都隐隐约约地感觉到，他们要面临的生存环境再也和以前不一样了。加入WTO对中国的影响是漫长而又全方位的，在高速发展的中国，随着国民经济的发展以及产业结构的升级，快递行业的社会需求呈现快速增长的态势。因此，对于民营快递公司来说，2001年以后，他们所要面临的不仅是国内的同行竞争，更是 WTO 规则约束下面对国际快递企业来自资本、规模、网络竞争时所表现出的业务水准和应对能力。

根据《服务贸易总协定》谈判商定的服务项目分类清单，在快递业，铁路、民航、公路快运业并没有对外开放的承诺，但是，速递业务对外资已经做出了商业进入、合资或独资的承诺。

因此自 2001 年起，四大国际快递公司开始了新政策下的迂回竞争，王卫也在行业气候的变化中开始准备御寒的"冬衣"。如今回头看，当年在"非典"时趁势开启全货运专机运输也许并不是天灾之下的趋势而为，更像是王卫深谋远虑之下的一次伺机而动。

经过十余年的发展，无论是趁着改革开放的浪潮来到中国的外资企业，还是在 1993 年的春风里应运而生的顺丰，都已和当初的自己大不相同了。

2008 年，在广州花都区花东镇动工的联邦快递亚太转运中心正式投入运营，这是第一个在中国设立洲际转运中心的跨国货运巨头，它的诞生也给中国带来了 1.5 亿美元的投资和每年 60 万吨的货运量。据统计，联邦快递一年就能为广州白云机场新增 60 万吨以上的货物吞吐量，2012 年 9 月 6 日，国家邮政局官方网站公布，批准联邦快递（中国）有限公司（简称联邦快递）和优比速包裹运送（广东）有限公司经营国内快递业务。

这个消息的到来，对任何一家民营快递企业都不算是个好消息。对于王卫而言，更是打到家门口来了。

但是王卫显然没有那么慌张，顺丰当时的实力也已经使其拥有了不可撼动的地位。早在 2010 年，王卫已经在国内网点布局完善的基础上，首次走出国门向海外进军了，他的第一个目标是韩国。对于国际快递公司来说，中国辽阔的面积和庞大的人口数量确实是一个值得"垂涎"的大市场，但是事物总是两面的，庞大的市场在管理上也有诸多不便，需要花大量的时间和精力去深耕细作。而作为已经在本土市场上千锤百炼了近 20 年的顺丰，进军到国土面积和人口数量都相对较小的国家，在业务发展和市场开拓方面都是手到擒来。

沿着这条思路，顺丰又先后在东南亚市场开辟地盘，使自己的市场份额扩展到邻国，截至2015年，顺丰的业务覆盖范围已经扩展到全球200多个国家和地区了。顺丰国际业务的开展，不仅为国内外制造企业、贸易企业、跨境电商以及消费者提供了可靠的国际快递服务与客制化物流解决方案，也旨在帮助中国优秀企业和商品做到真正的"走出去"，同时将海外优质企业和商品"引进来"。从业务高度上来讲，顺丰的这次海外布局似乎更有家国意识，更加"顾全大局"。

不仅如此，在这些年的默默耕耘中，王卫也不断吸取国际快递公司的优点，尽力弥补顺丰的短板，在全方位发展的道路上，王卫从未止步，短短几年，顺丰从设备、操作标准化到服务规范，都进行了大刀阔斧的改革，顺丰内外兼修的决心和行动力，让它在21世纪的开头显得那么从容，也那么令人期待。

当然，"战争"永远不会结束。近几年来，UPS在国内的发展已经使其覆盖范围达到了330多个城市，每周连接中国和美国、欧洲以及亚洲其他国家和地区的航班近200个班次。

DHL也随着中国经济的迅速增长，在中国不断创下骄人的业绩，并在中国建立了最大的合资快递服务网络。随着DHL宣布退出美国国内市场，DHL中国已经成为DHL在全球最大的市场。

任正非在2001年所说的磨难或许真的来过，相比于其他快递公司，顺丰的幸运之处也许是一直以来清晰的市场定位让它很少走回头路，因此才有更多的有效时间用来"向前看"。更幸运的是，顺丰有一个忧患意识很重的掌门人，在磨难和危险靠近时，王卫已经开始调整战略布局了，因此每一次危机都能被他的顾虑和有备无患从容化解。

突发事件从容应对

在顺丰和国际快递巨头抢滩的这些年里，事实已经向我们证明了"打铁还需自身硬"的道理。对于一个企业来说，过硬的本领和敏锐的洞察力不仅是顺境中的助推器，更是危机下的护身符。

2001 年 7 月 13 日，北京被宣布成为 2008 年奥运会主办城市。这一消息的公布沸腾了中国 960 万平方公里的土地，56 个民族的华夏儿女的欢呼和 13 亿中国人心跳的共振让那个夏天充满了期待。然而被人们翘首以待的 2008 年却远没有想象中那么平静和美好。顺丰作为民营快递的领军企业，在那个灾害频发的年月里临危不乱，彰显了一个国家龙头企业应有的素养和品质。

2008 年元旦刚过，在人们还沉浸在节日气氛里的时候，一场百年不遇的大范围低温、降雪、冰冻天气便以迅猛的势头席卷全国，自 1 月 10 日起，全国多个省市大幅降温，雨雪和冰冻天气成灾。

作为"移民"大省的广东，也在这场雪灾中陷入了空前的混乱，春运受阻，广州至北京的铁路线被全面禁用，那个春节，有至少 50 万人被滞留在广州火车站。[1] 身处广东的顺丰面临的考验可以说是非常严峻的。天灾面前，任何先进的硬件设施都无法施展。

---

[1] 吴晓波：《激荡十年，水大鱼大》，中信出版社，2017 年。

在其他省份，各大快递公司也在绞尽脑汁地思考应对之策。"我们在西南地区的网络已经宣布汽运货物停止接货三天了。"中通快递的一位管理人员在接受记者采访时这样说。由于暴雪天气影响，许多快递公司货物积压成山，甚至已经超过了仓库的负荷能力，因此很多公司只能把货物堆放在机场停机坪上，等待派送。

雪灾愈演愈烈的时候，很多小型快递公司都关门歇业了，但是"四通一达"和顺丰却不能这样做，王卫更在此时十分坚决地表示："顺丰将不惜一切代价把货件送到客户手中。"为了更有针对性地解决暴雪天气下的派件问题，王卫还下令成立了"1·28小组"。这个小组主要负责及时解决特殊时期任何时间、任何地点发生的任何突发状况，确保客户的快件安全、准时送达。

当时，全国多数省份交通线路严重受阻，考虑到飞行安全和实际的飞行时效，王卫为自家的全货运包机开通了付费专线，24小时随时待命。此外，顺丰还强势打通了长途干线货车租赁的运输网，为的是尽最大努力将快件送出，避免更多货物滞留，业务瘫痪。

2008年1月13日午夜，百年难遇的雪灾还没结束，一场雪上加霜的灾祸又敲响了顺丰的门。那天夜里，就在所有人还在为第二天的工作做准备的时候，顺丰武汉中转仓库却因隔壁供电线路短路引发了火灾，一时间火光冲天，库存快件2000多件中有80%左右被烧毁。事故发生以后，顺丰总部立刻成立了应急领导小组，火速赶往湖北开展危机应对工作。湖北区部的工作人员也顶风冒雪奔赴事发现场，迅速组织抢救客户财产，那个下着雪、着着火的晚上，顺丰湖北分区的所有人都彻夜未眠。

第二天上午8点，为了及时给客户一个答复，避免耽误客户重要事宜或引起不必要的误会，顺丰各地呼叫中心开始忙了起来，无数个电话分秒必争地拨出，拨向全国各地无数个陌生号码。电话中，顺丰对此次意外事件做出了简单清晰的解释和说明，并承诺将对客户损失进行赔偿。对于那些正在等待重要文件的客户，顺丰也表示愿意尽快补寄或为客户出具相关证明。

当天下午，顺丰总部应急小组抵达湖北，针对本次突发事故向当地公安、邮政主管部门以及国家邮政总局积极备案。

在那场突如其来的大火中，顺丰的应急工作开展得有条不紊，各部门训练有素，各司其职。三天以后，王卫代表顺丰对本次事故的发生表示歉意，并给出了详细的解决方案。其中理赔问题是王卫对客户回复的重点，其理赔标准也大大超出了当时的行业标准。

在那场无情的火灾面前，顺丰积极应对，直面客户的疑问，并主动联系、沟通的态度，体现了顺丰有作为、敢担当的一面。整个过程中，顺丰所表现出的冷静与从容，应急机制迅速的启动，诚恳积极的解决态度，都给消费者留下了深刻的印象。

但2008年似乎是个多事之秋，5月，就在北京正紧锣密鼓地为第29届夏季奥林匹克运动会做准备时，在我国西南地区，一场8.0级的特大地震正剧烈摇晃着四川省汶川县这个多山且地势高度倾斜的县城。在如今可查的资料中可以看到，这场突如其来的地震只持续了两分钟，却带来了数次余震，并造成69227人遇难，374643人受伤，17923人失踪。

天灾的突然降临让那个夏天变得异常沉重，灾区物资储备不足、道路受损严重，交通受阻，以及应急物流系统的不健全让物资调配难上加难。作为一家有社会责任感的企业，顺丰的身影在这场抗震救灾中没有缺席。顺丰向灾区捐款1000万元人民币，捐赠了可供3500人使用的帐篷，并委派78名志愿者奔赴灾区参与救援工作。

2008年"六一"儿童节，顺丰为灾区儿童送去了节日礼物，在那个特殊的儿童节里，很多孩子因那场地震失去了亲人，成了孤儿。2008年冬天，时任顺丰速运工会主席的李长荣带队抵达四川省青川县，并签订了助养30名青川县地震孤儿的协议。协议中，顺丰承诺每年为这些孤儿提供7200元的助养费，一直到他们18岁为止。为了让这些孩子对未来多一些希望和期待，顺丰还表示，18 岁以后，品学兼优的孩子如果想到顺丰工作，集团将尽全力为他们提供帮助，解决就业问题。

顺丰在"汶川地震"中心系国家，赢得了一片赞许，国难当前，危急关头，顺丰的小小助力是企业界的良好表率。

关键时刻踩好刹车

当改革开放的春风吹遍中国大地的时候，无数满怀热血的年轻人纷纷投入到这场狂热的商业活动之中，在鼓励"黑猫白猫，捉到老鼠就是好猫"的年代，他们中的一部分人的创业经历如今看来是有些草率而冒进的。这些人受时代影响，视时间如生命，因此在中国这个突然敞开的多车道上，猛踩油门奋力追赶。在这 40 多个春去秋来里，商业繁盛的背后也深埋着无数中国企业疯狂竞速的历史。

狂热过后，吹散历史的尘灰不难发现，当一个企业进入到平稳发展阶段以后，就像一个擅跑的人参加了一场长跑比赛，第一圈的竞速在长跑比赛中并不能起到决胜的作用。企业发展不仅要知道油门在哪儿，更重要的是，在商业的世界里，一个企业的领头人要知道刹车在哪儿，要常怀敬畏之心，有临危不乱的气魄，也要有临事而惧的修养，否则一味地加速，很容易在急弯路段发生事故。

王卫在带领顺丰前进的路上，一直有这种成熟的修养。在 2009 年"双11"期间的雪灾之中，刚刚成立了航空公司的顺丰原本可以有一个漂亮的开局，却被这场天灾打乱了计划。就在全体快递企业面对"派件难"的问题都处于焦头烂额之中时，王卫公开宣布将适度调高北京地区的顺丰快递价格，同时确保派送时效。

顺丰的这一做法我们在前文已经提过，在自然灾害面前，人的力量总是渺小的，顺丰没有对抗客观因素，去采用极端的方式加快快件运输，而是利用涨价的方式向消费者做了"提前告知"。这种告知在消费者看来是十分坦诚的，能够接受价格的客户会选择顺丰，不能够接受涨价的客户会选择其他快递公司。虽然这样一来很可能损失一部分订单，但王卫用这种方式保护了顺丰多年来的好口碑，也让选择了顺丰的消费者更加舒心。

所谓"舍小利谋大局"，王卫在多年企业经营管理中，一直秉承着这一理念。如果把顺丰比喻成一辆赛车，把王卫比喻成汽车制造商的话，他绝对是那个设计好图纸才开始投入生产的人。相比于其他快递公司，王卫虽然也没有在竞速比赛中缺席，但他时刻想着如何从多方面完善顺丰的其他组件，确保顺丰无论面对什么样的危机都能灵活应对，生动地诠释了"人无远虑，必有近忧；不图小利，必有大谋"。

2009 年，顺丰"四日件"的推出就曾经让消费者为之一惊。2013 年，王卫在顺丰的新年讲话中再一次强调了"以退为守，慢也是快"的思路。在他看来，顺丰从创立之初就一直在片面地追求速度，虽然赢得了客户的认可和市场份额，但自 2012 年起，顺丰的产品和服务在市场上已经开始呈现叫好不叫座的态势。市场的变化和人们消费习惯的改变，让王卫再一次有了危机感，市场边缘化的危机也随时可能发生。为了扭转这个局面，王卫在新年之初再次提出"降速"。

纵观我国快递业的发展，一路走来，在那个高度宣扬"梦想"的时代里，各个快递公司都是"初生牛犊不怕虎"的架势，快速的市场占有是 20 世纪 90 年代我国快递行业颠扑不破的主题。进入 21 世纪以后，科技的发展和进步让这个纷繁的世界变得愈发复杂而又多变，科技给人们带来便利的同时，也提高了消费者对服务行业的要求，时效上的快又成为这一时期快递行业领军人物竞相追求的目标，甚至是一场场"炫技"的表演。

但就像王卫所说，市场和人们的消费习惯一直在变，变化越多企业就越要学会减速。这就好比在连续弯道上开车，恰恰是因为急弯太多而又难以预料，才必须放慢车速，靠山体一侧安稳上山。否则，在一段已知路况有险的山路上猛踩油门无异于自杀，一则路况变幻无常，二则一味的加速只能换来失控，等危险来临时，想刹车却发现为时已晚。

在管理顺丰的过程中，那个被媒体称为低调的、信佛却也热爱极限运动的顺丰创始人，始终在生活中汲取着经验教训。"慢就是快"的反思是王卫在一次滑雪运动中总结出来的。当时王卫发现，滑雪时受伤的往往都是还没有掌握滑雪技巧，或者已经掌握了技巧却没有了解雪道的人。王卫认为要耐下心来，学会技巧，掌握路况以后再平稳上路，否则急于一时的冲动和信息掌握不足势必导致失败。

顺丰创立20多年来，无论从硬件设施还是业务能力上来说，都稳坐民营快递的头把交椅，其雄厚实力几乎和王卫的低调有些不相称，但是历史已经向我们证明了一个事实：一个伟大的时代真正需要的，不仅仅是有勇有谋的行业领军人物，更是那些在自身素质过硬的前提下，仍然对周遭环境常怀敬畏之心的人，他们才是能敏锐察觉环境变化、从容应对危机的人。

中国经济的发展充满了无尽的想象空间，想要企业常青，发展后劲十足，关键时刻就要踩好刹车。

在试错中积累经验

王卫曾说："我是一个危机意识很重的人，因此我总是去拼一些创新的东西，这是因为我意识到未来会有风险。人不能等到穷的时候再去考虑'变'。在还有本钱、还可以任性的时候，就要去试错、去尝试。这个过程中，只要十样东西里有一样成功了，就可能成为能够规避未来风险的重要业务。"

王卫在带领顺丰一路向前的过程中，除了华丽的蜕变，当然也难免有失意的时刻。其中被业内广泛讨论的"嘿客"的衰落就是王卫试错中的一项。从"嘿客"创立到衰落，从转型到发展的这条路，人们逐渐认清了一个事实，纵然互联网和科技的发展推动了行业的联动，但是电商们在没有线下能力的时候去涉足物流，和没有线上能力的物流行业去涉足电商一样，都会无一例外地将自己置于尴尬的境地。

2014 年 5 月 18 日，518 家顺丰实体店"嘿客"同时开业，这一天对于 43 岁的王卫来说是个非同寻常的日子。当时全国各大媒体都将顺丰开便利店打入社区服务作为热点事件争相报道。然而好景不长，"嘿客"便利店就因经营不利面临关店危机。顺丰涉足实体经济的尝试仿佛昙花一现，很多人还没见过这家便利店，它就已经像从没存在过那样悄然消失了。

但是王卫并没有在这次失败之后放弃线下便利店的尝试，而是勇气可嘉地走上了转型之路。作为顺丰的拓展业务之一，无论是"顺丰优选"

还是"嘿客"，其目的都是为了做到线上线下的高度融合，避免平台困境成为企业发展的掣肘。因此在融合已成不可逃避的趋势的时候，"嘿客"的前路纵然崎岖，也不可避免地要往前走一走，并大胆尝试O2O模式的转型。

总结起来，"嘿客"的基本逻辑是"社区店 + 体验店 + 快递店"，王卫希望通过搭建这样一个"三店合一"的平台让消费者的生活更加便利，通过线上线下的双条流量，形成购买、支付、物流的商业闭环。但是当"嘿客"看似完美的商业规划与用户需求相违背的时候，这条路注定是走不通的。

首先，"嘿客"社区店的定位大部分面向的是中老年消费群体，上班族和学生群体都分散在办公区、学校等公共场所。因此"嘿客"社区店的服务最终落到年轻人身上时，其最大的功能还在于收发快递，多年来送货上门的物流链终端服务已经让人们习惯了这种取件方式，除了不在收货地点这一个可能性之外，似乎很少有人愿意到店自提。从这一点来看，"嘿客"做社区店的初衷是好的，但恐怕避免不了费力不讨好的局面。

其次，"体验店"的概念稍显新潮。人们确实会在新事物诞生的时候表现出浓厚的兴趣和热情，但是热情总会消退，体验店"线下体验、线上支付"的概念一时间还不能被广大消费者接受，主要原因在于预购所带来的等待成本。在无论什么都追求速度的今天，消费者更倾向于快速下单，快速收货，有时候消费的乐趣也就在收货的一瞬间，而体验店在某种程度上先满足了消费者的好奇和新鲜感，随后带来的却是体验过后的等待时间。从"嘿客"的初衷来看，这种先体验后购物的设想是好的，能在一定程度上保证消费者对商品的了解程度和购物满意度，也能将线上线下结合起来。但是从现实层面看，这种方式显然不符合当下消费者快餐式的购物习惯。"体验"二字逐渐成为空中楼阁。

第三，"嘿客"在创立之初由于其"三店合一"的定位特点，目标受众很快就锁定到了不会网购的中老年消费群体身上，为了更好地实现"嘿客"的服务，顺丰一厢情愿地想要帮助这些消费者学会网购。中老年消费群体购物习惯相对固化，且倾向于接受身边人的建议和推荐，他们的确有群体性消费的特点，这也许是顺丰抓住这些消费群的一大好处。但是面对过高的学习成本，网络的门槛已经把这个庞大的群体拒之门外了。因此"嘿客"的衰落也就不足为奇。

2015 年，王卫在调整战略部署以后，对"嘿客"进行了转型升级，一个叫"顺丰家"的被称为"顺丰速运 O2O 模式 2.0 版本"的平台诞生了。在"顺丰家"，实体商品的展示得到了一定程度的扩充，包括红酒、橄榄油、进口食品等单价较高的货物。此外，店内购物功能也得到了区分和细化，当季生鲜、全球商品速购直邮、海淘包税母婴产品等专区纷纷亮相，和之前的"嘿客"相比，此次转型的确有进步之处。

但让王卫略感失望的是，这次转型的结果也不理想。当时在"嘿客"的基础上对经营模式和商品品类进行优化、扩充，虽然一定程度上满足了客户需求，但还是换汤不换药，这种转型看似深化了 O2O 模式在社区服务中的功能实现，但这种模式想要长久发展，就不能不考虑门店的盈利状况。

顺丰的确在开店和转型的过程中都形成了品牌优势，但是门店的销售额根本不能满足顺丰便利店的人员开支、店面租金等高额成本。长时间的入不敷出必然导致 O2O 模式的一端出现问题，无法运转。纵然顺丰实力雄厚，可以依靠资本注入、补贴维系的方式继续维持门店的运转，但已经失去了开店的意义，消费者的生活没有得到多大的便利，顺丰也没在这次尝试中收获到自己想要的成果。因此不到一年，转型的"顺丰家"也因经营不善被迫停业。

在王卫的诸多尝试中，"嘿客"的衰落和转型几乎是顺丰多年来的首次大范围试点失败，愈挫愈勇的王卫便是在这些失败中不断积累经验，吸取教训。

新冠疫情下的顺丰风范

2020 年初，一场突如其来的新型冠状病毒肺炎疫情席卷中国大江南北，牵动着亿万国人的心。武汉作为疫情重灾区，每天都有大量的新增病例出现，武汉市医护人员因长时间连续在岗，逐渐体力不支、人手不足，不久后，防疫物资也开始告急，武汉市内瓜果蔬菜及生活用品等都需要大量的补给。

1 月 22 日，第一架装载着医疗防疫物资的顺丰货运专机在疫情中逆势起飞，至 2 月 3 日，心系武汉的顺丰航空梯队共承运了来自海外的各类医疗防疫物资，累计达 188 吨，包括各类医用口罩、医用防护服、护目镜、抗病毒药品等。在这个天灾无情人有情的春天，顺丰速运依托全球供应链资源，全力支持医疗防疫物资的运输。短短几天内，来自日本、新加坡、韩国、马来西亚、泰国、印尼、美国、越南、澳大利亚、菲律宾、柬埔寨等国家的防疫物资，搭载着顺丰货运专机抵达中国。

为了大力加强防疫物资的运输，保障武汉及其他疫情重灾区的物资充足，顺丰在此期间还快速增开了国内外多条全货机航线。国内包括"深圳－武汉""杭州－武汉""北京－武汉""潍坊－武汉"等多条直飞武汉的货运航线。国际方面，从 1 月 29 日到 30 日，仅两天时间内，顺丰航空就先后启用 B747-400 型全货机新开了"仁川－北京"和"东京－武汉"的两条航线，300 万个防护口罩和 5 万件医用防护服就是通过这两条航线分别抵达北京和武汉的。

在本次疫情中，顺丰开通国内外航线的速度之快、魄力之大，给武汉医护人员甚至是全国人民带来了极大的帮助。不仅如此，顺丰多年来一直重视科技发展和技术开发，2月12日上午，一架顺丰无人机从顺丰速运湖北区将军路网点起飞，7分钟后顺利降落在武汉金银潭医院，为医护人员送去了3.3公斤的医疗和防疫物资。顺丰无人机的逆行参与，深度打通了医疗物资运送的空中通道。

无人机配送的加入，不仅有效消除了道路限行、小区封闭等因素的影响，缩短了配送时间，也最大限度地避免了配送人员与医护人员的直接接触，避免新的交叉感染出现。

2月14日，武汉食品类物资紧缺，当天晚上，顺丰机组承运内蒙古驰援湖北的400吨肉制品再次逆飞，跨越了1500公里，顺利抵达武汉。内蒙古顺丰速运有限公司总经理郑达林告诉记者："顺丰承接了此次全流程的运输，在运输途中，顺丰尽力确保肉制品的品质：首先，我们从赤峰、呼伦贝尔和锡林郭勒盟运熟肉制品到呼和浩特的这一段路程，充分调动了当地的全部力量确保迅速装车，所有的肉制品都严格按照国家标准采用顺丰冷运车进行温控运输。其次，肉制品在呼和浩特集结后，我们调来了顺丰航空自有全货机，以此来承接这400吨肉制品的运输。"

然而人们不知道的是，就在运货当天，内蒙古多地普降大雪，顺丰速运内蒙古有限公司的20多名员工冒着零下20摄氏度的严寒，在停机坪上操作打板，以"舍小家，为大家"的精神，顺利护送这份来自祖国草原的问候。

在这次疫情中，顺丰过硬的技术水平、一流的服务水准和经得住考验的危机应对能力，为抗疫工作提供了太多的支持。养兵千日，用兵一时，顺丰在这次疫情中表现出了一个真正的快递航母该有的担当。

顺丰对武汉的大力驰援得到了当地各相关单位由衷的感谢。2月8日，湖北顺丰收到了一封来自武汉市交通运输局的感谢信，向顺丰在防疫工作中为防控人员和物资运输筑起"绿色通道"表示感谢和敬意。

3月20日上午，湖北顺丰又收到了来自湖北省新型冠状病毒感染肺炎疫情防控指挥部的感谢信，信中提到，顺丰速运在疫情中"保民生、不停业"，克服了千难万险，历经两个月的时间，累计执行航班 218 个，运输防疫物资约 5346 吨，开行了 2237 个陆运车次，累计运输物资 12730 吨，顺丰全网（航空 & 陆运）合计运输了 1.1221 亿件包裹到湖北。对抗击疫情给予了极大的物资运输支持，让前线的医护人员倍感安心，士气大振。

但是疫情的反弹和境外输入病例仍然没有停止，在这个全民居家办公的春天，顺丰员工连续在外工作了 3 个多月。截止到 2020 年 4 月 22 日，王卫的快递大军已经为武汉市运输防疫物资 88235 批次、2607 吨，减免运费 1272.85 万元，为武汉市 1000 位老人提供为期一年的生活关爱包。顺丰用实际行动主动承担起了一个成功企业应有的社会责任。

但是企业也要生存，自疫情暴发后，民营快递业受到多方面的影响，已是举步维艰。2 月至 4 月，顺丰一边心系家国，一边勇敢复航。2 月 14 日，就在内蒙古分区的顺丰工作人员顶风冒雪地为 400 吨牛羊肉的物资驰援彻夜奋战的时候，顺丰已紧急复航了"无锡 - 重庆 - 哈恩 - 无锡"的欧洲货运航线。

这条刚刚于 2019 年 9 月 15 日开通的国际航线是顺丰目前运营的最长航线，国内覆盖华东和西南，国外覆盖欧洲全境。这条航线的复航为疫情中医疗物资的到位提供了强有力的供应链运输支持，在这种危机时刻，供应链的开通形同于"生命链"的开通。同时，运输的再次畅通也解了企业迫切需要调配供应链上下游资源的燃眉之急，助力了各个行业的复工复产，供应链在此时也成了"资金链"。

在海外疫情的影响下，许多国际航线面临取消或调整。顺丰为全力保障进出口货物的畅通，利用两个月的时间迅速布局了 13 条国际航线，并于 3 月 17 日起密集开航，这样的速度和魄力是其他企业望尘莫及的。

2020 年 7 月 19 日，在这个口罩仍不能摘下的夏天，顺丰航空一架注册号为 B-20EF 的 B757-200 型全货机正式入列，顺丰航空机队规模由此增长至 60 架。B-20EF 飞机是顺丰航空在疫情暴发后引进的第二架全货机，也是顺丰自有全货机机队的第 33 架 B757-200 型全货机。自此，顺丰机队规模顺利迈入 60 大关，这是顺丰航空发展历程中的全新里程碑，也将为顺丰航空持续提升航空货运能力、深度参与国际物流供应链建设提供核心支撑。

多年以后，人们会记得这个灰色的一年，记得一座座充满了阴霾和勇气的城市，记得一个个担起救死扶伤重任的肩膀和压不断的脊梁，当然也会记得在疫情暴发时，紧急备战、逆风驰援的中国快递公司——顺丰。

第六章

服务细分：拥抱目标客户

　　在快递业借助互联网的崛起和电商的蓬勃发展与人们的生活紧密联系在一起以后，随着生活水平的提高和经济的快速发展，消费者对服务行业的服务品质要求也日益提高。这是一个从单纯的物质追求逐渐向服务品质靠拢的时代，王卫一直以客户为核心的企业管理理念，让他先于其他竞争者准备好了迎接这个时代的来临。于是，在顺丰内部，一场全面的对服务品质的提升和对服务产品的拓展也从此开始了。

多重定位的快递产品

2020 年 8 月，西藏拉萨市市民刘先生通过顺丰同城急送买了一束鲜花。"才一顿饭的工夫就到了，真是出乎意料。"收到鲜花的刘先生这样说。这是顺丰同城急送正式入驻素有"世界屋脊"之称的拉萨的第一个客户反馈，这种平均 1 小时"到家式"的配送体验，彻底刷新了客户对即时物流的认知。

刘先生所称赞的就是顺丰推出的同城急送服务。多年来，顺丰一直以"快"为主打，但是对于创始人王卫来说，单纯的"快"早已不再是顺丰追求的目标了。

王卫在一次专访中，提到顺丰速度和服务，王卫这样说："我自己认为相对满意的服务才会给到客户。之前的顺丰主要是借助对一些交通工具的投入做成了一种所谓的'快'，但是未来的'快'要重新定义。未来的'快'首先要满足客户体验，然后再去追求'快'。我们现在要在客户还没有提出更高的要求或者已经开始要提出更高的要求的时候就做好规划，把我们的整个服务跟管控重新升级，升级到跟客户有更加紧密的互动。"

可见，王卫如今所追求的新的"快"已经是借助人工智能技术来实现数字化服务的将来，以此为方向，在顺丰现有的服务产品中，针对不同客户的差异化需求，多重定位的快递产品被相继推出。

2020 年 9 月 17 日下午 3 点，顺丰同城急送品牌的第二届骑士节"917

守护你"主题直播活动在深圳软件产业基地顺丰同城总部线下和线上同步举行。顺丰同城急送是目前顺丰旗下时效最快的服务产品,这种"快"从客户下单的那一刻就充分体现出来了,现在只要在微信或小程序里搜索"顺丰同城急送",点击"快递下单",就可以在几秒钟内实现下单寄件。

在中国内地各大核心城市,顺丰的这项超快速配送服务已经得到了充分的开展,作为顺丰开拓的面向所有客户的全场景同城物流配送,顺丰同城急送承诺专人直拿直送,3公里内平均30分钟送达,5公里内平均60分钟送达。

不仅如此,考虑到同城急件的配送内容通常较为重要,对此,顺丰承诺:当物品发生损坏或遗失时,一经核实即按照协议约定赔偿标准赔付;客户下单时如选择了保价服务,若发生因承运人原因导致的货物损失,公司将按照实际损失给予客户在报价额度以内的赔偿。

目前,顺丰还在不断扩大这一服务范围,力求为全国大多数城市的客户提供全程范围的高效、优质的极速配送。在顺丰2020年新入驻的城市中,拉萨应该是最特殊的一个。我国西藏地区地域辽阔,位于青藏高原西南部的这个自治区有着平均4000米以上的海拔,但王卫在这里依然承诺"1小时"以内的配送时效。

除了同城急送服务,顺丰还针对中国内地超过300个城市的高端客户提供了当日送达的"顺丰特快"服务,这是顺丰快递产品中极具时效竞争力的一项。"顺丰特快"通过各环节专属的流程保障,为客户提供高品质的"门到门"服务。

为了在保证时效的基础上提高客户的满意度,顺丰在特快服务中还深化了"客制化服务"的概念,承诺全年365天无休,并利用自身优质的资源保障,各个环节都通过专属流程进行优先发运、中转和派送,提供了行业内更具有竞争力的时效,并增加了多款增值服务,以满足客户各种寄递场景需求。

多年来,顺丰在科技领域的探索和强化,也在全程可追踪的网络透明化、智能化方面实现了真正的科技赋能，让"顺丰特快"成了行业内真正的 VIP 产品。

参考"顺丰特快"的服务标准，王卫继续细化市场需求，推出了"顺丰标快"。对于那些对时效性有要求但要求没有那么高的客户来说，"顺丰标快"是性价比更高的选择。其实，即便是"标快"，也依然不改顺丰速度，"顺丰标快"的快件最快可在次日 12:00 前送达客户手中。该服务在指定服务范围和寄递时间内收寄，客户可查询明确的快件送达时间，"顺丰标快"支持现有的所有增值服务，比如保价、代收货款、签单返还、委托收件、签收确认、电子验收、货物保管等 27 项增值服务。在照顾好客户体验这方面，王卫可谓费尽了心血。

如今，顺丰的多重产品已经遍布全国，深入到各个层面的客户需求中，而在顺丰推出的这些以时效性著称的客制化服务中，还有一项不得不提。

鉴于历史原因，我国港澳台地区和内地（大陆）的业务往来始终受到历史因素和政策的影响，快递服务也因此受到一定影响。为了满足内地和港澳台地区的寄递需求，顺丰又非常有针对性地推出了一款新产品——"E 顺递"。

如今，在我国港澳台地区，这个叫"E 顺递"的服务已是家喻户晓了，这是顺丰专门为港澳台地区客户提供的寄至中国内地（大陆）的个人件快递服务。虽然相较其他产品，这一服务的时效要长达 6-9 天，但考虑到地区特殊性，能做到这个速度已经很不错了。由于政策原因，顺丰在"E 顺递"服务过程中还需要收集一些必要的文件，包括收方身份证复印件、发票、购买凭证等，客户也可以通过顺丰速运微信公众号或顺丰速运官网完成上传。

这一系列手续集齐以后，顺丰才开始正式的运输和派送，同时对托寄物的标准也做了非常细致的规定，除了物品尺寸之外，顺丰规定，只对中国海关规定合法个人邮寄进境的物品提供这项服务。

在客制化服务的道路上探索了 20 多年，王卫始终能站在客户的角度思考问题，充分利用顺丰现有的运输工具、技术支持、管理机制等优势，不断完善着顺丰的个性化服务。随着社会发展变化，消费者的需求越来越多样化，要求也越来越高，然而细节决定成败，这些小细节做好了，真正将客户需求落到实处了，顺丰将在快递业这块沃土中扎根更深。而习惯了顺丰"私人订制"的客户，也会越来越离不开顺丰的服务。

强势进军重货市场

随着我国经济的快速发展，大件重货物流需求日益增多。2018 年，曾宣称只做小件不做重货的顺丰正式进军大件包裹市场，并一以贯之地对这个新领域进行了尽可能的市场细分。据悉，这次进军重货市场，顺丰主要面向五个目标，包括个人大件行李、纺织服装（整包）、汽配五金、家电家居以及工业设备。同时，按照包裹重量来划分，顺丰的重货服务主要分为四类，分别是：物流普运、重货包裹、小票零担和重货专运。

其中物流普运指的是顺丰为了满足港澳地区与中国内地互寄以及港澳地区内互寄的大件物品需求而推出的经济型物流服务。目前，该服务已经在中国境内实现了内地及港澳地区的全覆盖。和其他服务相比，物流普运的时效相对而言没有那么理想，大概需要 2-6 天的时间，但是非常适用于像寄家电这种大件物品的客户。更令消费者心动的是，顺丰对大件物品依然提供"门到门"的服务，送货上楼、货物报关、代收货款、保价、签单返还、委托件等增值服务是物流普运依然可以享受到的。此外，顺丰还严格规范包装及操作流程，尽最大努力保障客户的货物安全。这也是顺丰在重货专区里推出的最经济实惠的一项服务。

其他三项服务均按照客户的货物重量来划分，重货包裹主要针对的是 20-100 公斤的大件包裹和仓店调拨类货物，顺丰依托自身强大的近 2 万个网点的覆盖率以及可靠、安全、快速的物流运输，确保最快于次日 18：00 前将包裹送到。

小票零担则主打100-500公斤的业务。随着电商的蓬勃发展，实体经济和电商的结合，以及电商的强势扩张，让商家们在短时间内迎来了行业的春天，这样一来，在"四通一达"抓住了从商家到消费者之间的这条业务链的同时，顺丰开始逆流而上，非常有针对性地为电商商家提供小票零担服务，满足客户批量发货的需求，同时兼顾价格与时效。

最后一项重货区服务是顺丰的重货专运。这一服务针对的客户更加不容小觑，重货专运服务主要是为了满足那些运货量较大，比如一批货物需要一辆或以上整车装运的重货专运客户。由于运货量较大，且整车装载，顺丰通过点对点、点对多点的方式实现了货物的完全直达，力求省去不必要的中转环节，尽量缩短配送时效。

为了深化服务，顺丰重货专运还采用全程GPS监控，货物安全有保障。目前，顺丰的重货专运已经能够实现到县、乡、镇的配送。同时根据客户需求，顺丰将合理规划路线，根据不同路线运行时长保障配送时效，并支持个性报价，提供串点、装卸、包装、签单返还等增值服务。

对任何一个企业来说，客户满意度都是企业最好的口碑和广告。在顺丰，无论是小件还是重货，王卫始终把客户需求放在第一位，因此在重货市场上，顺丰依然能在速度和服务两方面遥遥领先。

不过，行业的趋势也吸引着赛道玩家的相互竞争和又一轮市场抢占，其中，韵达就在2019年1月推出了重磅产品——韵准达，并对外宣称该产品是为了对标同行大件的时效产品。

老对手相逢，总要过招，但多年来的各自发展已经让彼此的定位越发明确、清晰，王卫此时的对手早已不再是同行的快递公司了。

回顾顺丰自2013年开始试点重货服务到2018年正式进入重货市场的发展历程可以发现，顺丰重货产品体系共经历了以下四个阶段：

第一阶段：2014年推出第一款重货产品，即零担陆运产品"物流普运"；

第二阶段：2015年和2016年陆续推出的整车产品"重货专运"和零担空运产品"重货快运"；

第三阶段：2017 年 6 月，针对专业市场推出的专线普运；

第四阶段：2018 年 1 月推出的 20-100 公斤的重货包裹和 100-500 公斤的小票零担。

纵观顺丰重货的四个发展阶段可以看出，循序渐进的板块布局让顺丰很快就实现了重货市场的服务细分，迅速实现了快运市场的产品全覆盖。顺丰在新阶段的发展道路也非常明确，那就是继续发挥长处，尽力补足短板。重货市场的开辟无疑是短板补足的一大措施。

为了尽快补足短板，顺丰本着控制成本、提升品质的态度，尽量凸显大件包裹的差异化服务。这一举措得到了业内人士的认可，因为在大件快递市场上，除了价格竞争的因素，更关键的依然在服务质量。和小件快递相比，重货存在运输损坏率高、配送难等痛点，但如果能在痛处做好服务，将痛点转化为发力点，顺丰将再一次在这个蓬勃发展的大件物流市场上傲视群雄。

科技赋能，从巴枪到人工智能

在人类进化史上，对工具的使用被看作人类进化过程中最显著的变化。进入信息化时代，一种无形的工具正在以超乎想象的速度和影响力影响人们生活的方方面面，全球各行各业都在这种新技术时代来临时显得异常兴奋而又慌乱。

企业史的发展犹如漫长的人类进化，谁先掌握了对工具的使用技能，谁就拥有了更强的生存能力。在人工智能和大数据时代扑面而来的时候，很多行业都面临着被重新塑造的可能性。当互联网和高科技的飞速发展已经影响到各行各业时，快递行业的竞争对手已经不再是同行企业了，而是那些科技含量更高的公司。

2020 年 7 月，被誉为 AI 行业发展风向标的世界人工智能大会（简称 WAIC）拉开帷幕。顺丰作为智慧物流的代表企业，受邀入驻 AI 家园，并展示了人工智能在物流领域的创新和实践。

王卫曾经在很多场合公开表示过顺丰对科技的追求，在顺丰大力发展服务的路上，王卫曾一再强调要加强企业和客户的互动，"这种互动并不是人在管的，全都是人工智能在管。我们要思考一个指令下来，如何让所有的服务单元都可以串在一起，为一个客户、一个指令去服务。这个过程是不经过人手的，因为'人手'会让未来的'快'成为一个瓶颈"。

在新时期到来的时候，王卫再次"放慢"脚步，把时效上单纯的"快"放在了并不那么重要的位置。因为很显然，未来的市场竞争，主导权将掌握在科技含量很高的公司手中，和传统行业相比，互联网迭代的速度已经把各行各业的创始人推到了风口浪尖上。

对今天的顺丰甚至快递行业的其他任何一家公司来说，响应客户需求的速度和紧跟科技步伐速度的重要性，已经远远超过了单纯的时效性。在未来，这两个速度才是更有价值的部分，是能为顺丰带来更大的发力点的前提。有了这两个速度，其他的问题将不再是问题。

不过在人工智能和大数据打造的新的行业链条里，也暗藏着一把锋利的双刃剑。王卫对此曾做过生动的比喻："联动上了就是东风，联动不上就是台风。"因此，从顺丰成立到今天，王卫始终向新技术靠拢，并积极运用新的技术来提高顺丰的服务水平和工作效率。

1993 年，顺丰在容奇港诞生的时候，不要说网络，就连通信技术都还没有到达一个非常发达的水平，但顺丰始终没有忽略对"工具"的运用。

2000 年，当新千年的第一缕曙光照耀在广袤的中国大地上的时候，越来越多的业务量也让快递行业在那一年进入了春天。同时，也迎来了新的挑战。那一年，很多国际快递公司都已经实现了巴枪管理。

所谓"巴枪"，从外观上来说就是我们常在快递员手中看到的一个类似手机一样的手持设备，该设备利用中国移动成熟的网络平台，借助手机或 PDA 终端作为数据存储的载体，连接条码扫描枪，能够在几秒钟内形成一套数据采集传输系统。

2003 年，为了发展公司业务，王卫从韩国引进了第一批巴枪，当时一台巴枪的价格是 7000 元左右，每台重达 2 公斤。从那以后，顺丰快递员人手一台巴枪，收件时只需要用它进行扫码，就能快速实现资料的同步传输，这不仅保证了信息的安全性和准确性，同时也大大提高了工作效率。在王卫还没有使用飞机运送快递的时候，巴枪的出现是第一个在无形中迅速拉开顺丰和其他快递公司差距的工具。如今，顺丰巴枪已经更新到了第七代。

而在对信息化服务和管理的探索上，为了更好地搭建起顺丰的信息化平台，王卫采用了自主研发为主、国外引进为辅的策略，并先后上线了 HHT 手持终端、全 / 半自动分拣系统、呼叫中心、营运核心平台系统、客户关系管理系统、GPS 全球定位系统和航空管理系统等先进的软硬件设施设备。这一系列操作使顺丰很快拥有了一套优化的全自动和半自动结合的快件操作流程。

2009 年，隶属于顺丰速运集团的互联网科技公司——顺丰科技有限公司在深圳成立，该公司将专注于物流行业信息技术的研究与开发，是顺丰速运集团的定向 IT 服务商。在这个拥有两千多人的 IT 公司，专业的技术团队为顺丰信息化服务的发展提供了有力的支撑。多年来，经顺丰科技自主研发获得专利、软件著作权的项目已达到四十多项，顺丰也因此成了唯一拥有在线集中式移动终端服务和快件全生命周期调度与监控的企业。

所谓的快件全生命周期，主要包括 5 个组成部分，分别是收派环节、仓储环节、运输环节、客户环节和报关环节。

在收派环节中，顺丰于 2003 年引入手持终端后，大大提高了收件信息的准确率和工作效率，让收派无忧在掌上就可实现。

而在仓储环节，顺丰则利用先进的技术，采用全自动分拣系统。从前，人工分拣速度则为每小时一二百件，而新采用的全自动分拣系统每小时可分拣近万件商品，这个差距是不言自明的。

在运输环节中，GPS 技术的运用不仅为顾客提供了便利，而且也方便了公司在透明化运输方面的管理，公司可以随时对运输方案、车辆配置进行中止，优化方案使运输成本更加合理化，避免不必要的开支。

在客户环节，顺丰的呼叫中心利用数据记录系统，如今已经可以做到对每一通呼叫都能迅速准确地记录下呼叫原因，并根据投诉电话的大数据分析，整理出了一百多个解决方案，大大提高了呼叫中心工作人员的工作效率。

硬件的提升和科技力量的投入，让顺丰实现了全方位的效率提升和名副其实的科技赋能，王卫也许看见了他的东风。于是，2018 年，顺丰又增 4 亿元人民币加码信息化布局，这部分资金计划被用来做顺丰信息服务平台的建设和下一代物流信息化技术研发项目的投资。顺丰在公告中表明，未来公司会继续加大对科技研发的投入，并透露将持续对"智慧地图"及"无人机运输研发"项目进行重点投入，全面实现自动化物流战略。

近年来，快速发展的 AI 技术大力驱动着产业的发展，甚至成为产业升级的核心引擎之一。因此，在无人装备、物联网技术智能化转型等方面，快递业的竞争也日趋激烈，走在前面的顺丰在此时加大投入是一种必然的选择。王卫此前也曾表示："科技是我们的信仰。"

早在 2009 年顺丰科技成立以后，顺丰就开始着手搭建自己的数据中心了，以自成体系的思路来面对未来大数据和人工智能的挑战，为未来的发展打下基础。因此，从 2009 年至 2015 年，顺丰筹备了很多技术资源、物联网、分布式数据网络等布局，为未来的数据接入做了充分的准备。

2016 年以后，按照顺丰科技的数据总监余何的说法："我们发现云计算的技术基础基本成熟了，我们已经大量地朝着人工智能、大数据的方向去做。"当时，顺丰科技从美国硅谷招聘了大量的科学家做技术支持，主要致力于云计算和大数据平台的搭建，以及算法的优化。在所有的基础工作做好以后，这些数据平台将被应用到大量的场景中，包括医疗环节、智能包裹、运输温控等方方面面。

在 2018 年由物流沙龙举办的"2018 智慧物流高峰论坛"上，余何首次谈到了顺丰的"智慧地图"。当时，顺丰已经在内部组建了自己的地图团队，主要定位于对物流地图的研究，顺丰企图重新绘制属于自己的地图。和一般地图相比，顺丰"智慧地图"拥有 18 级标准地址库。和传统地图按照省、市、乡、街、路的命名规则不同，顺丰只针对"坐标"发力，力求将地址精确到坐标点上，并根据坐标所关联的内容进行高精定位。这种定位方式同时也依赖于全国 80 万快递小哥的移动数据，根据这些数据，"智慧地图"可以实时将地图上不存在的数据补充绘制进去，逐渐形成一张精度极高的顺丰地图。

两年以后，在 2020 年的世界人工智能大会上，在 AI 家园中，满载货物的顺丰无人机在城市上空飞过，这是王卫的又一大创举。

2020 年 8 月 21 日上午 8 点，一架大型无人机出现在我国西北上空。据悉，这架无人机从宁夏起飞，一小时后抵达了目的地内蒙古机场。这是顺丰大型无人机首次载货试飞，也是国内首次将大型无人机运用于物流场景。

这架无人机为顺丰联合航天时代电子研发的 FH-98，其最大起飞重量达到 5.25 吨，是目前国内最大的无人机之一，具有适合运货的大业载和大货舱，同时具有起降距离短、巡航速度快等优势。顺丰大型无人机的运用将使顺丰业务轻松辐射区域枢纽至周边城市，大幅度提升支线物流效率。

其实在无人机运输方面，顺丰起步的时间并不长，但是发展势头却十分迅猛。FH-98 机型的前身运五 -B 运输机已经是当前业载能力居全球前列的国产商业无人机。为了全面推广无人机在顺丰的运货使用率，顺丰在 2017 年成立了子公司丰鸟航空，全面负责大型无人机业务，并于 2020 年获得重庆两江航投集团的战略投资，在双方的强强联合下，丰鸟航空计划通过以 FH-98 为代表的无人机，逐渐展开了大型无人机在物流场景下的应用。

与传统货运专机相比，无人机不仅保留了原本的速度优势，更在机队运营层面大幅度降低了运输成本，并且有效解决了偏远地区物流运输不便、运输效能低下等问题。

此次大型无人机试飞的成功，也让生鲜农副产品、医疗用品等高附加值货品的运输需求以及政府应急运输等需求得到了极大的满足。顺丰表示，会进一步加快完善支线航空的布局，着力构建"大型有人运输机 + 大型支线无人机 + 末端投送无人机"三段式航空运输网络，为客户提供高效、便捷和广覆盖的运输服务。

截至 2020 年 8 月，丰鸟航空已经成功获批 9 条航线用于科研试飞和业务测试，这距离2012年王卫提出无人机物流的构想，仅有8年之隔。从2013年开始，顺丰就以合资、投资、自研等多种方式全面开展了无人机物流建设的工作。经过几年的探索和积累，旨在运用智能航空技术，以专业能力和创新思维整合全球优质技术、资本，集结无人机行业领军人才团队的丰鸟航空正在逐步壮大、成长，为顺丰搭建无人机生态圈，快速推动无人机产业的发展提供了有力的支撑。

2020年，自新冠疫情暴发以来，顺丰在武汉、温州、哈尔滨、十堰、赣州等多地开展了特定场景下的无人机物流运输作业。截至2020年4月，顺丰已合计投入22架无人机，累计飞行730余个小时，飞行里程超过2.2万公里，运输物资超20吨，极大地缓解了疫情重灾区物资运输的保障压力。

如今，无人机已经成为顺丰科技创新的名片。

国际市场上的顺丰服务

创立了美国联邦快递（FedEx）的弗莱德·史密斯有一句名言："想称霸市场，首先要让客户的心跟着你走，然后让客户的腰包跟着你走。"联邦快递始终认为，提高服务水平才是长久维持客户关系的关键。

据说，在联邦快递的服务史上曾经有一次被传为美谈的派送经历——"消失的婚纱"。当时，美国联邦快递的一位调度员接到了一个年轻女子的电话，该女子在电话那头哭哭啼啼地说，自己通过联邦快递运送的婚纱不见了，但是第二天她将要步入教堂举行盛大的婚礼。经过信息查询，该调度员发现，这位准新娘因为地址填写错误，导致婚纱被送到了其他城市。为了尽快帮助这位糊涂的新人找回婚纱，该调度员动员全美各地的联邦快递员一起帮忙寻找，并向总部申请出动专用运输飞机为客户运送婚纱，终于在婚礼前顺利地把婚纱送到了新娘手里。

作为国际快递巨擘，联邦快递的服务可见一斑，在全球可谓首屈一指。20 世纪 80 年代，其业务进入中国市场以后，在中国国内的快递服务也始终做到一流水准。相比之下，以联邦快递为目标的顺丰虽然是从 2010 年才正式走出国门的，但王卫的精心布局和"以客户为核心"的服务理念，并不妨碍中国快递企业在世界市场上成为后起之秀。

和我国国内快递市场相比，国际快递市场的竞争更加激烈，客户需求更加繁杂而有差异性，为了让国际客户对顺丰的服务满意，在使用顺丰的过程中能最快速度地明确自己适合的服务产品，王卫坚持了多年的市场细分在这一部分业务中依然不会缺席。

如今顺丰的国际服务板块，共包含七项国际快递业务，分别是：国际标快、国际特惠、国际小包、国际重货、电商专递、海购丰运以及海外仓。

在国际标快服务中，其收件范围主要包括中国内地（大陆）及港澳台地区、俄罗斯、美国、新加坡、马来西亚、日本、韩国、蒙古、越南和泰国。为满足客户的紧急物品寄递需求，顺丰各环节均以最快速度进行发运、中转和派送的高品质"门到门"国际快件服务。在中国境内，顺丰更加强调高效揽收，承诺自客户下单后 1 小时内上门收件，并支持电子运单和微信预约。

考虑到国际快递的特殊性和一定程度的烦琐程序，顺丰还推出了高性价比的面向中国境内出口 D 类报关服务费的增值服务，以专业、快捷、便利的服务，做到阳光清关。

目前，顺丰的派件范围也在不断扩大，在美国、加拿大、新加坡、马来西亚、日本、韩国、澳大利亚、泰国、越南、蒙古、印度、印度尼西亚、俄罗斯、柬埔寨、墨西哥、缅甸及欧洲 26 国，均可以看到顺丰派件员的身影。

对于非紧急物品的寄递需求，顺丰面向国际市场推出了经济性的国际快递服务——国际特惠，同时保留了国际标快的几项增值服务，虽然其收件范围及派件范围相对缩小，但也涵盖了四十几个国家及地区。

此外，为了在跨境电商市场开辟出宝贵的市场份额，顺丰还专门针对这类 B2C 卖家推出了 2 公斤以下重量的高品质小包服务。在小包服务中，顺丰依然承诺 1 小时内上门取件，并为客户提供即时的信息反馈，当天即可查询到快递信息，货物次日离港，便捷清关，时效可控。在快递进展查询方面，顺丰借助先进的 GPS 技术，为跨境电商们提供挂号全程跟踪的服务和完美的轨迹跟踪。

目前，该服务仅在中国境内收件，但派件范围已遍布全球二百多个国家和地区。国际小包的推出不仅开拓了顺丰的服务市场，也在很大程度上推动了我国电商的发展，让我国的电商进一步走出国门，面向世界。

随着跨境电商的高速发展，客户的需求量不断激增，很多大包裹、中高价值段寄递以及 FBA 仓寄递的需求得不到满足，为此，顺丰为这部分客户推出了国际电商专递的服务。这是针对跨境 B2C 电商卖家量身定制的高效物流服务，除已有的增值服务外，顺丰还在安全高效的基础上，增加了对符合航空运输安全标准的内置锂离子电池的物品的运输。目前，其收件范围已经覆盖中国境内，派件范围覆盖欧洲 26 国以及澳大利亚、俄罗斯、乌克兰、美国等国家。

与此相关，针对那些从国内寄往海外的重量达 45 公斤以上的大重量段物品，顺丰推出了性价比较高的国际重货服务，从中国境内寄往美国、日本、新加坡、马来西亚、韩国的国际重货，以及从韩国、日本分别寄往中国境内的国际重货，都将在这条服务链上完成。

在国际快递市场上，除了个人和电商，还有一块大蛋糕等着快递领军人们去分食——海淘。随着人们生活水平的提高，越来越多的人在购买国际商品时会倾向于选择海淘网站，顺丰看准了这一时机，迅速开通了海购丰运（SFBUY）这个专业的转运服务平台。为了照顾海淘顾客等待货物的心情，海购丰运也提供全程物流轨迹追踪，其进口流向服务针对的是美国到中国境内，出口流向针对中国内地（大陆）到港澳台、新加坡和马来西亚西部。

与其他国际服务相比，海购丰运的覆盖率并不高，但是作为新增的服务项目，王卫求稳的心态是可以理解的。

作为一个有责任心的中国企业创始人，王卫在国际服务上开展的第七个服务项目叫作"海外仓"。该服务致力于帮助中国卖家实现海外本土化销售，以此来降低物流运营成本。针对发往俄罗斯、欧盟国家等的跨境电商客户，顺丰"海外仓"利用先进的技术水平，实时监控库存和订单状态，目前已经开设的几大仓库包括东欧仓（俄罗斯、白俄罗斯、乌克兰、挪威以及欧洲 28 个国家）、中欧仓和德国仓。

"海外仓"货物当天出库，当天上网，最快可 24 小时内签收，同时，其独特的本土化操作也极大程度地提高了店铺的总体评分，提高了客户满意度，利用系统一体化技术，"海外仓"顺利完成与第三方 ERP[1] 的对接，并支持退货，提供仓储融资、出口退税等服务。

走出国门的顺丰，正在以长远的目光和稳健的步伐在世界市场上寻求理想定位，稳步扩张业务网络，一个想把顺丰打造成中国的联邦快递的企业人正离他的梦想越来越近。

---

[1] ERP：即企业管理系统。

医疗服务，打破行业玻璃门

2020 年 5 月 22 日，湖北省药品监督管理局官网发布"关于药品委托储存配送信息公告"，顺丰医药供应链湖北有限公司经过湖北省药品监督管理局的资料审核和现场监督检查，符合 GSP 及药品第三方物流企业管理标准，具备为药品生产企业和经营企业提供药品储存、运输物流的能力。

至此，顺丰医药基于已搭建的完善药品第三方物流质量管理体系，在已获得 GSP 认证的广州仓、成都仓的基础上，又获得湖北省药品监督管理局的认可，率先取得了药品第三方物流"告知承诺公示制"资质。

在疫情仍没结束的 2020 年，顺丰医药是湖北省第一家获得该资质的药品第三方物流企业，这体现了药监部门对顺丰医药完善的药品第三方物流管理能力的认可。

多年来，顺丰始终致力于全方位发展，而医药领域更成为各大物流公司新的抢滩场。在顺丰的医药服务体系内，科技赋能和新的技术运用已经成为助力顺丰发展的两大核心武器。

在医疗服务中，胰岛素、血液制品、抗癌药品等通常是非常紧急且对温度要求极高的运输品，顺丰在医疗领域推出了精温专递服务，利用冷链运输技术为实体医院、互联网医院、处方流转平台、医药电商、药店、医药商业企业、临床临检机构等提供 2-8 摄氏度精准温控的冷链运输，包括冷链诊断试剂等 C 端直配到家的服务。

在精温专递服务中，顺丰已经具有了第三方医药物流资质，并开辟了多种配送到家的模式，包括门诊药房、社康、药店、商业RDC等。参照商业配送标准，顺丰精温具有全程温度外显功能，且支持提供全程2-8摄氏度温度数据。为了更快更好地将药品送到，顺丰还采用了GSP验证保温箱、冷媒遇冷释放和符合GSP安全标准的收派操作。

目前，顺丰精温专递服务已经覆盖中国内地90%以上的大中城市，并开通了3200个收寄流向。

在精温医药领域，顺丰还开辟了精温定达、精温定航和精温整车服务。所谓的精温定达，是顺丰为了满足少批量多批次的生物制药、IVD、DTP新特药的配送需求而开辟的服务，通过医药专用保温箱和医药冷链车，为客户提供2-8摄氏度精准温区的医药冷链物流服务。

相对的，在多批量少批次的生物制药、疫苗等配送需求上，顺丰还根据药品的属性和温湿度的要求，以集拼、分拨、多产品配载等技术和管理手段，为客户提供2-8摄氏度精准温区的零担物流服务。精温定航采用固定时间发车、固定时间到车的班车化运作，确保运输时效。

较为特殊的一个叫作"精温整车"的服务是顺丰新开辟的，它是根据客户提供的线路，相对固定地址的跨区域冷藏车运输，以满足客户发运整车药品的运输需求。在这项服务中，顺丰只针对符合行业规范的专运产品，它通过点对点、点对多点的方式实现货物完全直达，避免了中转环节；同时为客户提供温度全程数据、单据回收、报价等增值服务。

目前，顺丰的这些服务均已在全国大多数城市实现了全面覆盖，为医疗物流提供了强有力的支撑。

第七章

成就霸业：铺就上市之路

　　2017 年新年刚过，顺丰就在深交所敲响了上市钟。从"不上市"到"上市"，王卫经历了一番观念的转变和努力。时局的变化和企业发展的需要，让他不得不改变自己之前对待资本的态度，也打破了顺丰"不融资""不上市"的"宣言"。而更多资金的注入，不仅让王卫成就了一番霸业，荣登富豪榜前三，也让顺丰进入了一个全新的发展阶段。

突围，快递业向资本借力

2015 年，股市进入了疯狂和任性的一年。深沪两市更是发生了几乎每天都有千百股涨停的奇观。2015 年 5 月 22 日，两市成交金额逼近了 2 万亿元，在创出 A 股历史新高的同时，刷新了全球股市"单日成交记录"。[1]那一年，举国上下都陷入了一阵炒股的狂欢之中。

令人始料未及的是，2015 年 6 月，全国性的股灾忽然爆发，以至于下半年的中国都笼罩在这沉重的阴霾之中。

而在这场灾难背后，资本的力量也在这场慌乱的重组中变得更加强悍。在快递行业，顺丰和"四通一达"早已不再独霸天下，"菜鸟"和京东物流等电商的跨界发展，让市场竞争变得更加错综复杂，资本的注入也成为这场竞争中的核心竞争力之一。为了应对这种情况，各大快递公司纷纷上市，开始向资本借力。

梳理整个快递行业上市史可以发现，早在 2011 年，就已经有公司为上市做过准备。第一家提出上市的公司是国有快递 EMS。2011 年 8 月，EMS 向证监会提交了上市申请，但是这条上市路可谓一波三折，2013 年 12 月，在大家都以为距离上市只有一步之遥的时候，EMS 却出人意料地突然撤回了 IPO[2]申报材料。业内对此的评价是，EMS 并没有做

---

[1] 吴晓波：《激荡十年，水大鱼大》，中信出版社，2017 年。

[2] IPO：即首次公开募股（Initial Public Offering），指上市。

好上市的准备。

虽然第一家为上市做准备的快递公司这样不了了之，但是后来者的上市进展却异常顺利，甚至迅速。2015 年 12 月，申通快递率先为快递业借壳上市[1]拉开了序幕，以拟作价 169 亿元借壳深交所上市公司艾迪西登陆 A 股市场。消息一经传出，业内多家公司纷纷向外界公布了拟上市的重大消息，一场白热化的上市竞赛就此展开了。

2016 年 2 月，韵达宣布与复星集团、中国平安、招商银行、东方富海、云晖投资等金融与投资机构实现战略和资本上的全面合作。8 月 19 日晚，新海股份发布晚间公告，称公司拟以全部资产及负债与韵达货运 100% 股权的等值部分进行置换。交易完成后，聂腾云、陈立英夫妇将成为公司的实际控制人。此前，2016 年 7 月 14 日，新海股份在深交所召开了重大资产重组媒体说明会，表示韵达货运拟作价 180 亿元借壳新海股份，成为又一家拟借壳上市的快递公司。

2016 年 5 月，顺丰速运整装亮相，以整体作价 433 亿元高调置入鼎泰新材；同年 7 月，中国证监会上市公司重组审核委员会通过了圆通速递借壳大杨创世的方案。

快递公司纷纷加入到借壳上市的大军，并不是一次草率的跟风之举，电商井喷式的发展曾经在很大程度上带动了快递业的发展，但跨界竞争在短时间内已经导致快递行业业务量增幅从锐增向平稳过渡，电商自建物流平台的异军突起也让快递领军人们坐立不安。

面对这种情况，王卫主动出击，首先对顺丰的组织架构进行了一次前所未有的大调整，这次调整让顺丰重新组建了速运、仓配、商业、金融、供应链五大事业群。另一边，"菜鸟网络"和京东物流的步步紧逼，

---

[1] 借壳上市：金融术语，指的是一家母公司（集团公司）通过把资产注入一家市值较低的已上市公司（壳），得到该公司一定程度的控股权，利用其上市公司地位使母公司的资产得以上市。通常情况下，该壳公司会被改名。

又催生了丰巢[1]的诞生——顺丰重组后，立刻以民营快递老大哥的身份，联手"二通一达"（申通、中通、韵达），成立了这个如今已随处可见且使用率极高的物流开放平台。

丰巢的诞生和老对手的突然结盟让这场跨行业的竞争显得不同寻常，在这些大动作的背后，资金的强有力支持也成为每一个参战方都必须面临的问题。在市场竞争中，价格战的拉锯、用人成本的上涨、拓展业务所需的大量资金支持，都在向快递业的掌门人发出一个明确的信号。可以说，在 2016 年前后，快递业已经开始进入了一体化、集约化和资本化的新时代，借壳上市是必经之路，行业竞争也将迎来新的升级和转换。对于直营模式的顺丰来说，对资金的仰赖程度更是不言自明。

近几年来，无论是电商还是线下的业务需求，都给快递业带来了空前的业务量的暴增。根据国家邮政局的调查数据显示，2015 年，全国快递服务企业业务量已经累计达到 206.7 亿件，同比增长 48%。加上近年来国家政策的支持和鼓励，国务院印发的《关于促进快递业发展的若干意见》指出，到 2020 年，基本形成普惠城乡、覆盖全国、联通国际的服务网络，基本实现乡乡有网点、村村通快递。在这种情势下，快递公司上市以后的股市表现自然会令人非常满意。

面对越来越好的发展前景和严峻的挑战，各大公司扬鞭立马，纷纷加入战局，上市的回报和上市带来的压力都是这些公司要一起面对的，唯一不同的是，上市以后的发展之路需要各家掌门人精心规划，谨慎前行，花落谁家尚未可知。

---

[1] 丰巢：2015 年 6 月 6 日，顺丰、申通、中通、韵达、普洛斯 5 家物流公司宣布投资 5 亿元成立丰巢科技。其中，顺丰持股 35%，申通、中通、韵达各持股 20%，普洛斯持股 5%，法人代表为顺丰总裁王卫。丰巢智能快递柜成为面向所有快递公司、电商物流使用的 24 小时自助开放平台，致力于提供平台化快递收寄交互业务。

审时度势，首轮融资

"兵无常势，水无常形。因敌变化而取胜者，谓之神。"商场如同战场，在指挥作战的过程中，最重要的法则就是能够适应环境的变化，制定相应的对敌策略，在变化中见招拆招、克敌制胜。

王卫曾经说过："我没有条条框框，一切都回归到面临什么问题，需要什么东西。"在经营顺丰的过程中，王卫也始终这样做。不过，创业多年，在对资本的警惕这方面，王卫的态度几乎在业内是人尽皆知的。

2007年，曾经有一个姓陈的老板从北京南下深圳，与王卫面谈收购顺丰的事，这个老板名叫陈平。1994年1月，陈平在北京创立了"北京双臣快运有限公司"，主做零散的家政服务，后来这家公司改名"宅急送"。1995年，宅急送与日本一城株式会社合资，使其业务配送范围和专业技术都得到了质的飞跃。1998年，宅急送开始发力，在全国开展业务。2004年，宅急送被评为"中国最具竞争力的物流企业"。2007年，强势增长的营业额让宅急送迎来了自己的巅峰之年，也让陈氏兄弟萌生了想要独揽中国快递市场的想法。当时顺丰的高速发展和腾飞已经引起了业内同行的戒备和警惕，如果能够在这个时候以高价收购顺丰，对宅急送来说可谓如虎添翼。就是在这种情况下，陈平南下深圳，和顺丰创始人王卫展开了一次关于收购的长谈。

这次面谈当然不出意料地以失败告终，早在宅急送提出收购顺丰之前，海外的一些投资机构和快递巨头也已经瞄准了顺丰。1995年，国际快递巨头 TNT 就找到王卫，希望收购顺丰，当时的顺丰还处于刚刚起步的"孩童期"，而 TNT 不仅是国际快递巨擘，更于 1988 年就已经进入了中国市场，二者实力悬殊自不必说，也许就是两家公司的实力差距给了 TNT 自信。没想到，这一收购请求却被王卫断然拒绝了。

2003 年，美国联邦快递公司（FedEx）联系到王卫，提出以 50 亿人民币收购顺丰的想法，也被王卫直接拒绝。除了国际快递公司，以美国花旗银行为代表的一些投资机构也对顺丰表现出了极其浓厚的兴趣，但是一向低调且对资本保持理智态度的王卫成了史上最难邀约的创始人。

几大企业的失败先例让顺丰成为出了名的对资本保持距离的企业，王卫也被贴上了"资本洁癖"的标签。直到 2014 年前后，中国企业界在资本的浪潮中迎来了一批上市热潮，备受关注的新浪微博、京东都先后上市，阿里巴巴也宣布了上市的计划和打算。在这种情况下，快递行业内部的其他几家公司也紧随其后，纷纷借壳上市，只有顺丰依然按部就班地按照自己的节奏往前走。

业内和新闻界都对王卫此时的态度感到好奇，纷纷向他发出采访邀请，在他接受的为数不多的几次采访中，王卫始终对上市表现出谨慎甚至排斥的态度。对于企业上市，王卫认为："上市的好处无非是圈钱，上市可以获得企业发展所需的资金。顺丰也缺钱，但是顺丰不能为了钱而上市。否则上市后，企业将变成一个赚钱的机器，股价的变动每天都牵动着企业的神经，对企业管理层的管理是不利的。"

王卫的顾虑和担心并不是多余的，资本的注入势必会改变企业的关注点和发力点，一旦把握不好尺度，很容易让企业受制于人。

"我做企业，是想让企业长期发展，让一批人过上有尊严的生活。如果公司上市的话，环境就不一样了，你要为股民负责，要保证股价不断上涨，如此一来，利润将成为企业存在的唯一目的，企业将变得很浮躁。"顺丰创立二十多年，靠的始终是做好服务、做好快递的坚定信念和致力于把顺丰打造成"中国联邦快递"的理想。

2011 年 7 月，王卫曾在接受《人民日报》采访时这样说："每个人经营企业，都有自己的目的，随着企业的发展，这个目的也会发生变化。就我个人而言，经营企业的目的可能有点儿理想化，我不完全是为了赚钱。顺丰的愿景是成为最值得信赖和尊重的公司。我们希望我们的任何经营行为都能被社会信赖并尊重。"

对王卫来说，顺丰不仅是一个企业，更是一份事业、一份理想，这种对理想纯度的追求和渴望，造就了王卫以艺术家的初心去管理企业的风格，决定了王卫对资本的警惕和戒备。

然而，王卫不仅是一个理智的企业家，不喜欢盲从，同时也是一个"识时务者"，不会一味地墨守成规，做无谓的坚持。今时不同往日，在商业气候发生巨大变化，竞争对手纷纷披上了上市的"金缕衣"以后，一向乐于改变、乐于创新的王卫也逐渐转变着观念，并一步步向上市靠拢。

虽然业内对"顺丰会不会上市，顺丰何时上市"的讨论始终没有停止过，更有人认为顺丰上市是"迟早的事"。但是在一向低调的王卫身上，无论是同行还是媒体，想要探听顺丰的动向都难上加难。

直到 2013 年，一向被认为有"资本洁癖"的王卫破天荒地接受了元禾控股、招商局集团、中信资本的投资。这是顺丰第一次向资本敞开怀抱，这一举动在当时的新闻界几乎成了爆炸性的新闻，外界对于顺丰是否在为上市铺路的猜测也更加强烈。

但是很快，时任顺丰副总裁的王立顺就对外表示，顺丰没有上市计划，开放股权只是在核心业务发展方面的"再提速"，与其他快递企业力图在资本市场上跑马圈地截然不同。在和三家新股东签署的协议中，也没有关于上市的条款。

一时间，各方猜测都在顺丰副总裁的公开表态后戛然而止，业内的讨论也渐渐归于平静。但细心的读者不难发现，顺丰接受的三家投资单位都有着国资背景，雄厚的实力和关系网为顺丰带来的并不仅仅是资本上的助力。随着行业的高速发展，顺丰需要配备更加强大的分拣中心和航空运输队伍，资金上面临着极大的缺口，招商局在深圳的海陆空资源以及中信和元禾控股在海外并购扩张方面所能提供的经验和资金支持，都是其他机构无法匹敌的。可以说王卫的这次融资是暗藏玄机的一矢双穿。

借壳上市，以资本推动服务

1999 年，一个中文名叫胡润的英国小伙子的出现给热衷于谈论首富话题的人们提供了一个新的参照系——胡润富豪排行榜。

2017 年，在公布的胡润全球富豪排行榜上，王卫以 1500 亿人民币的身家位列 25，在大中华区排名第三。这是王卫首次出现在胡润富豪排行榜上。胡润对此表示："电商的崛起带动了快递行业的飞速发展。"

值得注意的是，2017 年的胡润全球富豪榜上，王健林家族和马云分别以 2050 亿元、2000 亿元位列大中华区第一位、第二位，香港首富李嘉诚却位列第四。在那一年的榜单中，47 岁首次登上胡润富豪榜的王卫成了最受瞩目的一匹黑马。也是那一年，宣称不上市的顺丰在深交所敲响了上市钟。

关于顺丰的上市，当时曾经引起各行各业和新闻界的广泛关注，早在 2016 年春节前后，就有消息传出，说不上市的顺丰正在准备上市。2 月，顺丰突然发布了"上市辅导公告"。公告称：顺丰控股（集团）股份有限公司拟在国内证券市场 IPO（首次公开发行股票并上市），目前正在接受券商辅导，为上市做准备。消息一经证实，人们都在等待着这一奇迹时刻的降临。

2016 年 5 月 30 日，一家已经停牌一个多月的安徽上市公司鼎泰新材发布公告，称顺丰控股拟借壳鼎泰新材上市。公告发出后，自 5 月 31 日该公司复牌到 6 月 21 日短短 20 天的时间内，鼎泰新材的股价连续 12 个交易日涨停，因此成了当年最炙手可热的"牛股"。

顺丰的上市之路可以说十分顺利。同年 6 月 16 日，证监会就《上市公司重大资产重组办法》征求意见，顺丰控股在借壳上市审批越来越严格的大背景下，先后两次对重组方案进行了调整，并于 7 月宣布将剥离旗下全部金融资产，9 月底，鼎泰新材发布公告，称顺丰控股剥离其持有的中顺易和共赢基金的全部资产。10 月 12 日，顺丰借壳上市的方案在证监会得以通过。2016 年 12 月，顺丰速运总裁王卫多了一个新的身份，那就是鼎泰新材上市公司总经理。2017 年 2 月 15 日的股东大会上，《变更公司名称及证券简称》等议案均获得通过。一周以后，2 月 24 日，顺丰控股正式亮相，于深交所更名敲钟。那一天，颇有文人气质的王卫身穿牛仔裤和顺丰工服低调亮相，并做了近 5 分钟的演讲。

在这次演讲中，王卫向自己的父母、妻子和顺丰员工表示了感谢，面对在场的多方媒体，谈到顺丰从不上市到上市的决定，王卫不失幽默地调侃自己说："今天的成就来之不易，顺丰走到今天已经成为一个'公众公司'，从此以后，我们要不断地提醒自己，而第一个需要提醒的人可能是我自己，因为我的言行必须符合整个证监会的所有要求。从今天开始话不能随便说，地方不能随便去。"

对于上市后顺丰的企业发展方向，王卫承诺，无论如何，顺丰的初心不会改变，对事业的执着不变，对员工的关爱不变。顺丰上市最大的目的是能融更多的资金，更好地提高服务水平，这些都需要资金去提升，顺丰能够通过这种方式去服务更多的客户，这是上市的重要原因之一，所以顺丰变了的只是会越来越好的服务质量。

一贯低调的王卫的讲话赢得了在场观众的一片掌声，也让人们认识了一个低调又不乏幽默的总裁。但是在深交所上市钟被顺丰敲响的那个夜晚，很多人仍然对王卫突然上市的决定感到诧异，和王卫此前对外宣称的不同，顺丰在国内快递企业先后上市之后并没有一以贯之地保持对资本的距离，而是同样选择了快速、便捷的借壳上市方案，这一举动的背后到底有怎样的深思熟虑，以至于让他在短短几年内就转变了观念呢？

究其根本，如王卫所说，顺丰的上市是在国家政策和市场环境的共同作用下的必然结果。2014 年，国务院印发了《物流业发展中长期规划（2014-2020 年）》，明确了快递企业通过兼并重组与上市等方式实现国家快递行业的快速发展，并优化行业资源配置能力的新方向。这对快递行业来说，是一次新的发展契机。

而顺丰对资本保持距离的原因也是不想以追逐利益为重，希望把企业发展放在核心位置，如果上市能在一定程度上吸引资金扩大经营、提高服务质量，最大化保证企业的管理不受资本注入的扰乱和影响，这把双刃剑对顺丰来说就是利大于弊的。因此，在多方面权衡下，王卫终于决定上市，并选择了节省时效的借壳上市方案。

顺丰上市后，股价行情看涨，连续 5 日开盘即涨停。按照股价，顺丰市值高达 2794.7 亿元，高居深交所第一。也是在那一年，王卫首登胡润全球富豪榜，成为中国的第三大富豪。

快递公司纷纷选择借壳上市，主要是为节省时效。按照规定，如果采用传统的 IPO 方式上市，其流程相对烦琐，企业需要首先完成改制，然后报送审批与登记，并经历较长的排队和等待期，等待期过后还需要对企业进行整体的价值资产评估，经过不断的路演以后才能上市。这个过程往往需要 1-3 年的时间。但是如果通过借壳的方式上市，企业将在短期内实现上市。因此才有了 2016 年初夏鼎泰新材发布的那个震惊了各行各业的简短公告。

除了时效优势，借壳上市还可以让母公司通过壳公司的核心业务快速扩大经营规模，降低企业生产成本的同时也减少了企业在管理方面的支出，对顺丰来说，这个方案几乎是无可挑剔的。

厉兵秣马，快递王国的腾飞路

在 2017 年顺丰于深交所敲响上市钟的那个激动人心的晚上，一再受到王卫感谢的顺丰员工收到了来自公司的一份暖心大礼。据悉，当天，王卫给顺丰所有员工都发了红包，红包金额从 1888 元到 15000 元不等，总价值 8 亿元。

这份大礼在当时不仅表达了王卫对员工的关怀和感谢，也标志着顺丰人在新的阶段踏上了新的征途。

顺丰成功上市以后，无论是资本市场还是王卫，都对新时期寄予厚望，核心竞争力的提升成为这一阶段备受关注的话题。在上市前一年，根据国家邮政局发布的数据显示，2016 年我国快递业累计完成了 312.8 亿件，稳居全球第一，增速保持在 50% 左右。民营快递经历了二十余年的筚路蓝缕，一路栉风沐雨，才有了今天的成绩。

为了推动电商发展下快递业的再度崛起，2017 年，国家邮政局发布了《快递业发展"十三五"规划》，规划提出，到 2020 年，要形成 3-4 家年业务量超百亿件或年业务收入超千亿元的快递企业集团。打造"快递航母"是近几年快递行业发展的"重中之重"。

但是和国际水准相比，我国的民营快递发展尚不成熟。放眼国际市场，无论从体量还是市场结构及企业成熟度上来说，我国民营快递仍存在很大的提升空间。

首先，从体量方面的差距来看，作为民营快递领头羊的顺丰，在

2016 年年收入为 70 亿美元，而国际快递巨头 UPS 和联邦快递（FedEx）的年收入在同年已经达到了 500 多亿美元。根据当年的快递行业净利润对比可以发现，我国"四通一达"与国际快递巨头的差距更大。

王卫也许早就意识到了这一点，因此我们可以在 2017 年上市后顺丰的整体布局资讯中发现，那一年的顺丰强势布局了海外市场和跨境电商业务。当年 3 月，顺丰小包业务助力跨境电商抢滩乌克兰，并开始全面布局顺丰海外仓，以期打开欧洲市场。4 月，顺丰对乌克兰小包业务做了资费调整，以此来提高业务量。到 2017 年 7 月，顺丰国际特惠的业务已经扩展到了智利。

2017 年年底，一场以"连接世界的通道"为主题的顺丰国际学堂之海外仓推介会在深圳香格里拉酒店举行，会上，顺丰速运国际事业部副总裁龚顺松向参会者分享了顺丰"以海外仓为切入点，加速中国品牌全球化"的战略思想。强调中国品牌想要实现全球化发展，就需要轻资产走出国门，从本土中心到多国中心。顺丰将在新一年加速布局具有核心竞争力的全球海外运营中心，全面助力中国卖家货通全球。在体量的追赶方面，顺丰蓄力十足。

此外，我国民营快递与国际快递企业无法相较的第二个差距表现在市场结构和企业成熟度上。很明显，从业务结构来看，顺丰的国际包裹业务量和供应链业务体量都不大，国内的业务量也主要来自于小件包裹，这种严重的业务结构"失衡"一方面和顺丰的市场定位有关，另一方面也是行业的"仓促成型"和电商的骤然腾飞导致的。上市以后，全面发展多项业务并努力让各项业务比重持恒成了顺丰需要考虑的新的战略调整方向。

在基础设施建设上，王卫也曾经非常中肯地表示，顺丰此前的速度完全是因为一些运输上的基础设施的投入，但是如果用国际标准来衡量，顺丰目前的速度并不快。和联邦快递（FedEx）、UPS 相比，顺丰航空的规模仍然有很大的提升空间。在信息系统和人工智能的布局上，就更加任重而道远了。

也许是为了强强联合加速企业发展，2017 年 5 月，在顺丰上市的第 3 个月，UPS 和顺丰控股在香港成立了合资公司，助力双方共同开发和提供国际物流产品，聚焦跨境贸易，拓展全球市场。很显然，顺丰上市以后，一场逐浪而行的新战役已经打响，作为中国快递市场的领导者，顺丰上市初期的表现是可圈可点的，很多人也都期待着一个属于中国的"快递航母"的出现。

第八章

统御之道：从人性出发

"员工要尊重，给他尊重；要收入，给他收入。人性都是趋利避害的，弄清这点，即便是 40 万人，也没什么难管的。"向来被外人感到神秘的顺丰管理哲学，在王卫看来却是最好把握的事情。从人性出发，是王卫管理人才的一把万能钥匙。

心态清零才能轻装上阵

晚上 8 点，顺丰总部大楼还是一片灯火通明，在数据中心，那些 24 小时闪动着的屏幕上可以随时调取出几千公里外的国内、国外各站点实时视频。这是 2015 年的一个夜晚，距离顺丰成立已经过去了 23 年。此刻的中国物流行业已经几经风雨，"速度"成了这个时代极富魅力的产物，对于以经营速度见长，一向以"快"著称的顺丰更是如此。技术手段的革新为顺丰的扩张壮大提供了新的思路和可能，世界已经被网络和数据完美地联通起来了。为了拥抱新世界，这家民营快递的标杆企业正试图以更先进的科技手段实时掌控顺丰的脉搏，那些屏幕上不断滚动的数字和办公楼里行色匆匆的国内外员工就是顺丰的未来。但也是这一年，王卫迎来了创业以来首次创新尝试的滑铁卢。

那一年，在接受媒体采访时，王卫率先向快递行业的"终极宿命"发起了挑战。他声称："靠出卖劳力搬货不是顺丰的终极宿命。"为了让顺丰打通更多业务，他尝试了很多领域，也在这些尝试中表现出前所未有的焦虑和执念，当然也包括顺丰赋予他的一份自信。这种复杂的心情背后所隐藏的不安与焦灼，要在失败降临后才一点点浮出水面。王卫关于如何给自己的心态清零的反思，也是从这个时候慢慢开始的。

当时，电子商务正在以惊人的速度渗透到人们的生活中，"地球村"的概念在电子商务崛起以后表现得更加淋漓尽致。在央视一档名叫《与全世界做生意》的纪录片中，只有 27 岁的顺丰快递员丁铁男每天都要穿梭在深圳大名鼎鼎的华强北市场，在华强北周边的居民楼里，无数个小电商就生存在那里。最忙的时候，丁铁男在电梯间就把快递收了。那是 2015 年，距离淘宝网成立过去了 12 年。

丁铁男说，以前一直以为能够寄国际件的电商一定是非常有规模的，有二三百平米的办公区域，但是真的走近他们你会非常惊讶地发现，规模最小的可能只有 3 个人，一人负责一块业务，他们的产品却源源不断地发往海外。

在华强北做电子商务的广东老板一边擦汗一边给商品打包，熟练地在快递单上写下一串串异国文字，发完货以后，他蹲在墙角说："最好全世界都有我们的顾客，这是梦想嘛，每个人都有梦想的是不是？"说这话的时候，他的身后放着几个大大的等待发出的顺丰快递箱。

那一年，商业气候的骤变推动着传统行业的企业转型，对于主打中高端商务件的顺丰来说，电商业务在顺丰总业务量中所占的比例始终不大，但是电商为整个快递行业带来的业务量却十分可观。为了扭转僵局，2014 年，王卫做了一系列大胆的尝试。"触网触电"成了顺丰创业以来最颠覆常规的操作，而在进军电子商务的过程中，引起最大轰动的就是"嘿客"的诞生和消亡。

多年以后提起"嘿客"，很多人都表示没什么印象，甚至有人会难掩惊讶地说："顺丰还开过便利店？"但是 2014 年，当"嘿客"正式在深圳街头亮相时，3000 家顺丰便利店也几乎同步在国内其他省份遍地开花，曾经轰动一时。为了迎接这个新产物的到来，王卫和他的员工一样，紧张、激动、踌躇满志。作为被顺丰定位为"最后一公里"的创新型项目，"嘿客"是顺丰旗下第一个网购服务社区店。这个概念在 2014 年甚至在今天也并不为人们所熟知。

作为一种全新的模式，"嘿客"试图通过整合渠道资源的方式，打通线上线下业务，为顾客提供更加灵活、便捷、智能化的线下社区服务体验。简言之，在"嘿客"便利店，消费者不仅可以享受快递物流业务以及虚拟购物的服务，同时还包括 ATM、冷链物流、团购预售、试衣间、洗衣、家电维修等多方面的服务。

顺丰借助自身快速物流的优势，曾试图给中国的社区带去一种全新的购物体验。"嘿客"的很多上述功能也都建立在顺丰的物流优势基础上。在"嘿客"，顾客不需要支付货款，即可向商家预约商品，等商品到店进行体验后再考虑是否购买，无论顾客是否买下了预约商品，顺丰都将承担整个配送流程的费用。由于这种全新的购物方式的推出，顺丰"嘿客"成了一家零库存的虚拟购物便利店。消费者只需要通过扫描虚拟商品的二维码，就可以进行店内预约、购买。这种全新的购物模式和英国最大的 O2O 电商 Argos 较为相似。在王卫看来，以顺丰多年的发展经验，在发挥自身优势的同时，去做一个定位明确的 O2O 项目不会太难，甚至会取得很好的成绩。

或许是这份自信让王卫在人员配备上也做了比较大胆的尝试，为了让员工实现多元化发展，培养多方面的职业技能，王卫没有从外部引进人才，而是把这次全新的尝试交给了顺丰的老员工们。新项目启动之初，顺丰可谓大手笔，一举在全国多地开设了"嘿客"便利店，这也给负责该项目的员工鼓足了士气。

因此，当承载着 O2O 梦想的线下载体"嘿客"成功落地的时候，这个有着几十万员工的庞大机构，其实是带着十足的热情和期待毫不犹豫地扎进了全新的领域里。他们背后是顺丰多年来在快递行业内形成的好的口碑和行业自信，以及对项目落地后将衍生出的一系列便民服务的美好期待。这些崭新的观点和尝试让包括顺丰员工在内的所有人都感到振奋。但理想是美好的，现实却终究是残酷的，经过一段时间的尝试和调整，人们翘首以待的结果并没有到来。

在消费者的一片抱怨声中，"嘿客"经历了一次转型后依然不可避免地走向了失败。失败的原因不一而足。很多消费者认为"嘿客"虽然打着便民的招牌，但是对售卖产品种类的选择却毫无逻辑，甚至连销售方式也显得烦琐而不够友好。当时，期望将线上线下业务灵活运用到"嘿客"的社区服务体验中的这些便利店，其定位是服务于社区中不善于使用网络的中老年客户，帮助他们在"嘿客"便利店内实现商品预约、体验、购买、快递收取以及其他便民服务。然而令人匪夷所思的是，"嘿客"的整个购买过程非常复杂，学习成本的提升在购物环节就将很多中老年消费者拒之门外了，加上店内人员缺乏零售经验，培训不力，火热面世的"嘿客"很快就门庭冷落，各地便利店因支撑不住纷纷关闭，"嘿客"的陨落和它的诞生一样突然。

这件事让王卫开始重新整理思路，回顾并自省这一年中"嘿客"所发生的一切。在这个过程中，王卫不仅看到了顺丰以往的成功经验在探索新领域时所带来的限制，也看到了多年来的好成绩给顺丰员工营造的某种亟须调整的心态。

20多年的积累和收获为这个快递王国的崛起奠定了扎实的基础，顺丰员工也因此而感到自信甚至是自负。王卫多年来对员工的尊重和包容的确培养了他们独立思考、敢于探索和坚定自我的工作风格，但是这种风格也阻碍了新想法的注入，缩小了员工打破窠臼、自我提升的空间。因此在"嘿客"的整个运作过程中，外界的声音很难进入顺丰内部。

"嘿客"售卖产品的无逻辑性直接导致了消费过程中供与求的严重偏差，一厢情愿的以无偿物流配送为基底的预约制体验式购物服务也就如同空中楼阁，成了泡影。此时，顺丰员工对自家物流实力的自信和骄傲早已没了用武之地。很遗憾的是，这些问题在当时并没有得到妥善的解决和"对症下药"的改造和调整。

在"嘿客"如昙花一现般淡出人们的视野以后，王卫曾经毫不避讳地说："我在这个过程中听到了'自负'，而不是'自信'，我们的很多新业务还都处于摸索阶段，应该很谦虚地去向别人学习，去跟客户探讨。我们不能把以前的经验当作'宝'，你所以为的'经验'很可能是一种'包袱'，我们每进入一个全新的领域，都要有归零的心态。背负太多'包袱'，将成为制约新业务发展的重要因素之一。"

这是王卫创业多年来首次明确地提出"空杯心态"。所谓"心态清零"，就是要抛开以往的成功与失败，重新开始一段新的尝试。人和企业想要让新的思想、技术、人才、机会注入自身，也要时刻有"清零"的准备和素养，这是一种勇气，也是一份决心。

对于王卫来说，顺丰在国内有最大的规模和最快的速度，也有人数最为庞大的员工队伍，想要时刻保持"清零"的心态绝非易事。因为这意味着向过去告别，也意味着"背叛"经验的勇气。王卫意识到了这一点，却仍然坚持这样做。

"嘿客"的失败让他认识到，如果不这样做，以往的成功经验在某些时刻也会阻碍人们迎接新的成功。"这个包袱就在于，过去我们是单纯地送快递，大家都习惯了这套思路和做法，不自觉地就把这一套做法套用到新的业务领域。"但旧有的经验带给我们的往往只是昔日的成功，未必会把美好的明天也一并奉上。

但"嘿客"的失败对顺丰和王卫来说，在某种程度上似乎也是一件好事，"塞翁失马焉知非福"，它的陨落让敏锐的王卫意识到了空杯心态的重要性，及时地调整错误心态将避免顺丰在以后几年的探索中重走旧路。尽管，顺丰在这之后的一些尝试中也各有各的难处。

"心法四诀"是关键

进入到 21 世纪 10 年代以后，"企业文化"的概念开始进入中国企业界，并引起了企业家们的高度重视，对企业文化的塑造也成了一个企业创始人的重要事务之一。在顺丰，在王卫所打造的企业文化中，"充满爱"是他一直强调的一种无形的渗透。

他始终强调顺丰是一个有爱的企业，对每一个快递员都应该像对待自己的孩子那样，然而"育子"也要"教子"，管理好员工是让一个企业得以常葆活力的根基。

2017 年 1 月 18 日，在顺丰集团 2016 年年度优秀表彰大会上，46 岁的总裁王卫戴着黑框眼镜，身穿红色 Polo 衫亮相，那个晚上，这位轻易不接受媒体采访的中年男人居然表现出了前所未有的激动，在会上心疼又不解地问："为什么我们的孩子会顶着雪在外面吃便当呢？我看到这一幕以后马上打电话到公司了解情况。"

如果我们稍微回顾一下 2016 年的顺丰就会发现，那一年是王卫情绪外露最多的一年，因为在 2016 年年初，刚刚发生了一件在网络上引起轰动的"快递小哥被打事件"，而事件的主人公，正是被王卫称呼为"孩子"的顺丰快递员。事件曝光后，王卫首次通过朋友圈的方式表明了自己维护顺丰员工合法权益和尊严的强硬态度，在 2017 年顺丰在深交所敲响上市钟的典礼上，这个快递员和王卫一同在媒体和公众面前亮相，引来业界一片称赞。

对王卫来说，顺丰的员工就是顺丰的功臣和未来，因此，对员工的爱和关心是企业管理中必不可少的人文关怀。而在顺丰员工的管理上，除了基本的制度化管理，"心法四诀"的良好运用是他多年来管理顺丰的诀窍。

快递业作为劳动密集型行业，岗位人员需求量大，入职门槛低，大多数快递公司在招人时只要求高中或中专学历，因此，员工的素质普遍不高。而试图以冷冰冰的管理条例来实现企业的高效管理，对任何一个企业来说都势必存在很大的困难。在这种情况下，从"心"入手，反而事半功倍。

至于如何管"心"，王卫提出了自己的"心法四诀"，所谓"心法四诀"指的是爱心、舍心、狠心和恒心。他说有了这四个"心"，就能在根本上抓好员工的管理。

王卫对员工的关爱不仅体现在语言上，也的确落到了实处。2011年，在接受《羊城晚报》的采访时，他说："今年春节前，顺丰快递员月收入1.5万元的帖子在网上引起了热议。这是事实，我们个别快递员的收入确实有这么高，多劳多得是我们对一线快递员的一贯原则。"

王卫始终认为，对员工慷慨就是对自己慷慨，因为有舍才有得。在我国快递行业，快递员工资水平最高的当属顺丰，在现在可查的顺丰招聘广告上也可以看到，在北京，顺丰的快递员每月基础工资已经可以达到万元以上，且多劳多得。

古语有云：仓廪实而知礼节。王卫之所以在员工管理上提倡"舍心"，一方面是对员工劳动成果的尊重，丰厚的薪酬和贴心的福利待遇是稳定军心的前提，也是顺丰人付出汗水后应得的回报；另一方面也是想在行业乱象中避免顺丰与"行业丑闻"搭边。

2013年3月15日，在山东枣庄滕州市学院路工商银行龙山支行内，一个身穿顺丰快递工服的快递员手里拿着约一万元现金来到了银行大堂经理面前，称自己在存缴公款时发现了一摞不知道是谁遗忘在柜台边上的现金。这个快递员名叫周文博，来自顺丰山东枣庄分部。周文博拾金不昧的故事很快就在枣庄传开了，现金失主和银行经理都对周文博的行为予以赞扬和肯定，银行领导还强烈要求他到网点接受重谢，但是这些都被周文博婉言谢绝了。在后来的新闻报道中，周文博拾金不昧的行为被媒体大加称赞，也为顺丰增了光。

除了薪资待遇的慷慨，在经验分享和技能提升方面，王卫也是一个慷慨的领导者。顺丰初次涉水电商时，王卫把这些难得的机会留给了顺丰内部员工，希望他们通过这次涉水不断学习不断进步。在王卫看来，一个好的企业想要长足发展，同路人的进步是一股不可忽视的力量，即便有时候大家会一起走错路，但是事后我们要知道自己为什么错，错在哪儿，以后应该怎么做，这对顺丰和每一个员工来说都是一笔不小的财富和收获。

当然，想要管理好员工，一味地尊重和包容也是不行的，严格的企业管理规范就像一部"家法"，正所谓"无规矩不成方圆"，想要企业走得越来越远、越来越平稳，立规矩是必须要有的一个过程。因此，在王卫的"心法四诀"里还藏着一味"狠心"。

这一味"药"可以说是"心法四诀"中必不可少的，在行业乱象越来越多、新闻媒体报道越来越迅捷的今天，各行各业都在民众和舆论的监督下大致有序地运转，一旦有什么风吹草动，立刻会被推上风口浪尖。客户对服务的质疑、对企业的不信赖也将从此开始，这一切，对任何一个企业来说都是难以扭转的局面和无法承担的损失。

因此在顺丰的管理上，王卫一直强调恩威并施，对于有违职业道德、不符合职业规范、破坏企业形象的行为，顺丰从不姑息。一个企业就像一个家，如果说企业家是一家之主，那么员工就是这个家庭的孩子，孩子犯了错不怕，怕的是家长一味地姑息和包容，这对孩子、对家都是一种不负责任的行为，甚至是一种伤害，所谓"爱子愈深，教子愈严"。

2019 年 4 月，一向被看作行业标杆的顺丰遭遇了一次丑闻，有消费者在网络上公开发布了一篇投诉顺丰快递员私拆女性客户包裹，还将女性客户私人物品摆放在自己床上拍照发朋友圈的长文。文章中，该当事人晒出了快递员和自己的微信聊天截图以及快递员的朋友圈截图。

事情的起因是该女子离京返乡，托朋友帮忙把自己的化妆品和衣物一并寄回老家，但是在快递送到顺丰收寄点以后的几天里，该女子频繁接到顺丰快递员的电话，称东西太多，需要收取包装费。后来，该快递员还以工作为由添加了客户的微信，该女子惊讶地发现，自己的化妆品和衣物被快递员摆在床上拍照发了朋友圈，她忍无可忍，选择在微博上曝光这件事，事情一出，一片哗然。顺丰集团官方微博第一时间转发了该客户的微博原文，并表示决不姑息，一定追查到底。

事情发生后的第二天，顺丰集团官方微博主动发表了后续声明，表示已经成立了专项工作组对此事展开调查。经调查，情况属实，顺丰在感到震惊和痛心之余，也向客户表达了真诚的歉意，并进行了合理的赔偿，同时，将该员工调离了收派岗位，不再让其从事任何直接面向客户的服务岗位。

其实这些年，为了提高员工整体素质，顺丰在人才选拔方面已经格外严谨，2—4轮的岗位面试安排甚至被人称为"步步惊心"的招聘环节。现在到顺丰应聘，不仅要经过初试、笔试、复试，还要在正式上岗前参加岗前体验，岗前体验的传统也是从2003年甚至更早的时候就延续下来的，这将为顺丰带来更适合集团发展的快递人才。

有了以上三个"心"，顺丰多年来始终在爱意满满的企业文化里不断前行，最后一个"心"是王卫在管理之道上的"核心"，那就是数十年如一日的"恒心"。

多年来，王卫也以掌门人的身份身体力行地向员工做出应有的表率。如今，王卫已过不惑之年，却依然不定期地下到"一线"，一向不喜欢抛头露面的他每次下一线都很低调，有时候他会突然出现在北京三元桥的收派点，有时候又会突然出现在顺丰仓库，当一天"实习物料管理员"。但他下一线的目的并不在于"监视员工"或作秀，只是为了更好地了解顺丰的工作开展细节，了解客户需求和市场的真实温度，这种亲身体验在顺丰开拓进取的道路上发挥着不小的作用。

做有修炼的"出头鸟"

2019 年春节前夕，26 岁的顺丰快递员秦文冲穿着工服站在顺丰航空自有货运专机 747 旁边，对着手机屏幕难掩激动地说："爸爸妈妈，这是我们公司最大的飞机——747，我今年的梦想就是要开上它，替我加油吧！"

创业 27 年，始终走在行业最前列的顺丰迎来了一批批充满活力、怀揣梦想的年轻人，秦文冲便是其中一个，但是"开上飞机"这个梦想的确不小。多年来，"枪打出头鸟"的古训让很多人安于现状，社会的现实、竞争的残酷，也让很多原本充满期待的人变得不敢"做梦"。然而在王卫看来，积极迎接挑战，争取做个有修炼的"出头鸟"才是一个人实现自我价值的途径。

2017 年，随着顺丰的上市，国内外的目光都聚焦在这个中国快递航母身上。在当年的顺丰表彰大会上，王卫十分坦诚地说："很多人都认为 2017 年对于顺丰或者王卫而言，最大的收获在于上市，在于财富，我认为恰恰相反，你们不会理解 2016 年的我有多么痛苦，那一年，我带着一帮人在森林里夜行。"

这些年，人们看到的始终是顺丰光鲜亮丽的一面，背后的辛苦付出和苦心经营只有王卫和顺丰人自己知道。一直以来，在敢于挑战、务实、勤谨的领头人的带领下，顺丰的员工也渐渐地有了一种敢想敢干的闯劲儿。

在顺丰内部，为了鼓励员工敢于拥有梦想、追求梦想，实现自我价值，王卫一直保留着在内部招收飞行员的计划。因此，"从陆地到蓝天"的梦想也在很多年轻的快递小哥心里萌动。秦文冲是其中一个，已经实现了这个梦想的赵立杰是更早的一个。

只是梦想常有，能将梦想化为现实却是不容易的事。秦文冲在顺丰的主要业务和其他快递小哥不同，他负责的是 20 公斤以上的大件货物收派任务。当过兵的秦文冲说，大件货物中最重的一件可能有七八十斤，那些没有安装电梯的居民楼就成了派送过程中最让人头疼的难题，最忙的时候他曾一天送了 7 吨货物。

但即便是在这种劳动强度下，秦文冲依然利用各种碎片时间自学外语，不断充实自己，并以从快递员做到了机长的同事赵立杰为榜样。当时，赵立杰已经是一个有着 4000 多个小时飞行时数的顺丰机长了，他驾驶的 757 型货机只用一个晚上的时间就可以把 20 多吨的快件运往千里之外，他是效率最高的快递员之一。

这条路，对于大专毕业后就一直在河北廊坊送快递的赵立杰来说并不容易，从在偶然中抓住机会，到顺利成为顺丰飞行员，再到成为一名机长，赵立杰用了整整十年的时间。追梦人秦文冲要走的也是这样一条"道阻且长"的路。

2019 年 8 月 30 日清晨，在深圳宝安国际机场东南停机坪上，停着一架身披黑红灰白四色靓装、印着"SF Airlines"字样的飞机，这是顺丰机队的第 2 架波音 747 货机。

顺丰深圳区的两名快递小哥参与了接机仪式，其中一位就是秦文冲："只要不断努力，总有一天可以开上顺丰的飞机！这是我的梦想。今天，有幸和我们顺丰大白近距离接触，虽然我还没能驾驶它，但我离梦想又更近了一步！"

2019 年 12 月 9 日，在广东珠海，一场题为"湾区青年说"的演说大赛上，秦文冲的身影再次出现在公众面前。来自粤港澳大湾区不同城市的 12 位青年选手，以"湾区新青年·奋斗新时代"为主题，带来了一场非常精彩的演讲。最终，秦文冲夺得了本次大赛的桂冠。

在顺丰，像秦文冲这样敢有梦想、敢去争取的人很多。在王卫看来，为人低调和喜欢迎接挑战、做"出头鸟"并不矛盾，在竞争越发激烈的商业社会里，适者生存、优胜劣汰是最现实的话题。因此，提前培养自身素质，练就过硬的业务能力，是在竞争中存活下来的第一要义。"出头鸟"在这个时代已经可以被当成行业领袖来看待，他们是跑在机会前面的人。

对此，王卫还曾经做了一次题为《员工要争做有修炼的"出头鸟"》的内部讲话，十分中肯地谈到顺丰目前的状况。创业二十多年，当时的顺丰正处在跨界转型期，正经历着从单纯的快递业务向多领域发展的试水阶段，新领域的拓展和新的岗位需求的出现成了顺丰面临的最直接的问题。这也是顺丰内部第一次出现大规模的用人需求，机会的暴增也是在这个时期开始的。

在灯火通明的顺丰总部大楼，晚上 7 点的客户部依然忙碌着，老挝员工大海也在自己的工位上继续工作着，"尊重、团结、认真、奉献，是顺丰的价值观。所以并不是说我到时间了，没事做了我就可以走，因为还有其他同事需要帮忙， 9 点下班的时候也有，这也是受我们顺丰企业文化的影响。"

对于来到异国他乡工作的大海来说，两年的熏陶和历练，已经让他学会了用顺丰的价值观来衡量个人得失了，工位上的大海难掩自豪地说："我在顺丰也算比较重要的员工了吧。"在顺丰，这样充满自豪感的员工并不只有大海一个。

"在华强北，每一个格子都代表着一个梦想，有的想做华强北手机贴膜的第一名，有的想做天猫、淘宝手机的第一名，我们也一样，也有自己的梦想。人不逼自己一把的话，你永远不知道自己的潜力在哪里。所以我不断为自己的梦想而努力，哪怕每天能早起十分钟，我就可以多做一件事情，或者多思考一件事情。"在深圳华强北电子商务区做收派员的丁铁男这样说。

王卫曾经对顺丰员工说过，在顺丰没有"枪打出头鸟"这回事，他甚至需要那种"没事找事"的员工，在一个企业正在经历探索和转型的阶段，工作态度更加积极主动的人才能为企业带来活力和希望。只有每一个顺丰人都实实在在地把自己看作顺丰的一分子，想别人不敢想，做别人不敢做，大胆地在机会中多尝试、多调整，才能众人拾柴火焰高。

因此，无论是快递小哥"逆袭"成机长，还是基层员工月收入过万，在竞争进入白热化的快递市场上，顺丰人个个都在争着做行业内的"出头鸟"，王卫也因此收获了一批能为企业带来新思想、新活力的得力干将。

近年来，随着90后大军的加入，顺丰更是如虎添翼，一支勇敢的、有梦想的、年轻而又稳健的队伍正在成为中国快递行业的主力军。这是顺丰的骄傲，也是行业的希望。

如何把好员工留在顺丰

老挝员工大海曾经在采访说中："不管你在哪儿，最重要的是你跟谁在一起。"

2003 年，一个来自东北的年轻小伙子来到了北京，想要在这找到一份理想的工作，然而受到"非典"疫情的影响，很多企业停工停产，辗转了几个月以后，在生活的重压和机缘巧合下，这个年轻人来到了顺丰，应聘了顺丰的 IT 工程师职位。

当时的顺丰刚刚和扬子江快运签约，刚开始进入用专用货机运输快递的新时期，对于新技术的开发需求仍处于起步阶段，而互联网技术的运用在我国也处于同样的适应期。可以说，这个怀揣着梦想的东北男孩来得很是时候，他也是顺丰在北京招聘的第一个具有大学学历的员工。

但那时候的顺丰并没有现在这么可观的工资，而且按照集团的规定，刚入职的新员工要到基层网点做 3 个月的快递员，为的是确保新员工在入职初期就充分了解、熟悉顺丰的一线工作，为日后在岗位上有针对性地开展工作奠定基础。

为了节省生活用度，做基层快递员的 3 个月里，这个东北男孩就住在网点办公室，每个月的工资只有 700 元。在这 3 个月里，住在办公室的他总能在传真机里收到一张张写满字的纸条，纸条内容大多是关于公司战略规划、日常管理制度的，文章风格朴素，内容充实，后来，有同事告诉他，这些文章的执笔人就是顺丰的总裁王卫。

如果当时没有这些文章的出现，也许这个每月只能拿到700元钱的大学生就要离开顺丰转战下一个战场了，但是王卫的文章让这个年轻人决定留下来。在一次采访中他说："看了这些文章，我打算在顺丰待下来，我觉得老板是个干大事的人。"

3个月以后，这个年轻人的工资从700元涨到了3000元，在2003年，这已经算是一笔不小的收入了。几年以后，这个年轻人成了顺丰北京地区运营部的总经理，掌管着整个北京地区顺丰的运营工作。是王卫的人格魅力吸引了不少愿意留在顺丰继续工作的人才。

王卫一直希望能够让顺丰的员工流失率稳步下降，因为他认为真正好的企业应该对员工有很大的吸引力，只有老的员工愿意留下来，新的员工才有理由和信心走进来。

随着顺丰员工队伍的壮大，薪水不再是吸引员工和留住员工的重要手段。在提倡"重视人才"的今天，企业的实力也成了备受考核的一个方面。精细化管理将是顺丰未来在员工管理方面的主要着力点。

在快递行业里，一线员工的流失率一直居高不下，快递行业的荣誉感较弱，工作环境较差，劳动强度较大，接触人群复杂，尤其对于一线员工来说，他们是和客户接触最多的人。快递小哥秦文冲曾经分享过这样一类无奈的经历，作为顺丰的重货收派员，秦文冲和他的同事们每天都要搬运很多大件货物，实现"门到门"的派送服务，有时候忙了一天满身是汗，客户会拒绝他们进门，但是如果不送到，客户又会投诉。这样的事，包括秦文冲在内的每一个重货派送员都遇到过。加之一线员工大多是离开家乡到城市赚钱谋生，不稳定的收入和城市生活的艰辛也迫使他们无法长久地留在某个工作岗位上，甚至无法长久地留在某个城市。

曾经有人做过一次数据统计，2009年，顺丰的员工人数为6万人，但是参考以顺序排列的顺丰员工工号可以发现，当年，顺丰的工号已经排到了220000了，这意味着在顺丰成立的这些年里，流失的员工人数高达16万人。

对于一个企业来讲，合理范围内的员工流失是企业更新换代、健康发展的正常现象，但是员工的大量流失则意味着企业没能让员工感到满意。

最开始，顺丰"收一派二"的薪资制度在基本工资上给了员工尽可能多的保障。但王卫说过，这种考核制度迟早会触碰到"天花板"，每个人在这个岗位上都不仅仅是为了生存，每个人都是带着梦想去到各个城市坚守在各个岗位上的，自我价值的实现才是这个时代每一个渺小而又不凡的个体所追求的东西。

在这种反思下，顺丰精心打造了完美的内部培训体系，这些培训分门别类，包括制度培训、技术培训、管理培训和企业文化培训等等。顺丰总部常年承包一些酒店以供内部培训使用，线上线下结合的培训方式也为全国各地的顺丰员工带来了便利，每年，业务能力不达标的员工都将再次参加培训，进行业务能力的提升和夯实。

除此之外，顺丰还建立了顺丰大学，独立开发了和工作相关的课程、课本以及专业的讲师团队，E-learning 学习平台的开放，更是让学历不高的顺丰基层员工们得到了在工作中学习和提升自己的机会。无论他们是否能实现自己的终极目标，但是没有人会愿意离开这样一个鼓励学习、自由、公开的发展平台。从某种程度上来说，顺丰的内部培训体系也体现了王卫对员工的尊重和诚意。

在晋升方面，顺丰也没有大幅度地从外部引进管理人才，十年前就开放了"千里马"人才培养机制，在这种机制的鼓励和支撑下，很多基层员工都凭借自身的努力坐到了管理层的位置。内部选拔人才不仅可以调动员工的积极性，在业务衔接方面也是十分有利的。据统计，顺丰总部主管中有90%以上都是从普通员工做起的，从基层员工做到分部经理的占比达到80%-90%，高级经理有70%左右。

王卫曾经说过，管理人最简单的方式就是从人性入手，我们无法改变人性，但是我们可以尊重它，并在满足人性的基础上发挥政策优势。对于大多数初入职场的年轻人来说，晋升之路是一条艰难却吸引力十足的路，顺丰提供的这些人才管理平台为这些基层员工带来了希望。

第九章

不露圭角：王者风范尽显

　　作为国内最大民营快递公司的创始人，王卫的性格和行事都极其低调，无论是创业起步阶段遭人诋毁，还是四面八方的诸多议论，抑或是行业巨擘的邀请、媒体采访，等等，他几乎都以沉默应对。这种无声的坚持和专注让业内很多同行表示"看不懂"，也让媒体和风投公司感受到了儒雅总裁的"硬骨头、难接近"，但同时他们又不得不承认，王卫的低调之中尽显王者风范。

佛家教义成精神依托

王卫信佛是业内人人皆知的事情，多年来，佛教也逐渐成了王卫的精神依托，但是在找到这份信仰之前，王卫也曾在思想上走过一段弯路。

后来回忆起年轻创业的那段日子，王卫曾经提到过一段被自己称为"精神空虚的时期"。那时候的王卫二十几岁，正是年轻气盛的时候，20世纪90年代的中国也正在见证着一个个商业奇迹的诞生，王卫的顺丰在他的苦心经营和执着坚守下一点点站稳了脚跟，甚至垄断了华南市场。

《时代周报》曾在一次报道中提到，1978年的中国仅有4.96万个邮电所负责物流邮寄业务，1980年，中国邮政才正式推出特快专递业务，并于20世纪80年代后期向市场全面开放。可见当时的物流行业并不健全，而王卫的顺丰创办于1993年，是外资大举进入国内市场的元年，外贸市场的如火如荼成了顺丰成立之初发展壮大的东风，王卫用了十年的时间将这个快递公司顺利打造成了国内首屈一指的民营快递企业。

根据后来在媒体及网络上可见的图片资料不难看出，那时候的顺丰还是个很粗放的小型快递公司，在一张广为流传的香港街头顺丰员工收取货件的照片中，赤裸上身的工人们正站在几个大大的塑料货箱前，其中一个人背对镜头，用手指向一边，像在指挥搬运，刺眼的阳光白灿灿地照在地上，那大概是很炎热的一天。就是在那样的环境里，顺丰一步步成长，二十几岁的创始人王卫在 20 世纪 90 年代的东风里尝到了"成功"的滋味，对于成功的骤然降临和财富的暴涨，王卫不能说是毫无准备的，但是在那个全民陷入集体狂欢的年代里，"金钱"所代表的东西就太多了。

快速的成功让这个年轻的小伙子有点儿飘飘然，后来，王卫自己也坦言，当时的他也曾有过一副标准的暴发户做派。尽管砵兰街的老邻居们在很多年后依然对他的勤劳印象深刻，但也正是对财富的追求和对成功的渴望，让他在这种狂热的商业环境的浸染下，难以抑制心中的狂喜和骄傲，甚至是自负。

由于童年经历，这个年幼时就跟随父母移居香港却瞬间陷入了一穷二白境地之中的男孩，尝够了贫穷和受人白眼的滋味。这些经历在王卫心里烙下了很深的印记。终于，在 26 岁那年，顺丰的初具规模让他看到了改变命运的机会和希望，这种猝然的成功和广阔到无法估量的发展前景，给王卫和他的同伴们带来了很大的动力和鼓舞，也是在这个时候，年轻的他在不知不觉中开始进入到一种目空一切的状态。回忆当年拒绝 TNT 的并购请求，除了他对事业的坚守和保护，当时的心态中有没有一份狂狷与自恃呢？

直到王卫开始接触并信佛，随着年龄的增长和对佛教教义的深刻理解，他那颗浮躁的心渐渐安稳了下来。后来，谈及这些年的成功与心态的调整，王卫也向多年来陪伴自己的妻子表示感谢，在 2017 年顺丰的上市敲钟仪式上，他说："这些年，是我的太太在我得意忘形的时候不断泼我冷水，让我保持清醒和冷静。"

1996 年，随着国内物流事业的不断发展，顺丰的业务也在一步步扩大，来势汹汹的闯入者们和人心浮动的顺丰加盟商在这个时候给了王卫迎头一击。几年来，唯我独尊的心态让他忽略了来自外界的挑战和内部暗流涌动的隐患，在激烈的竞争中，稍不留神就会让之前的一切努力付诸东流。

收权行动结束以后，顺丰成了一家名副其实的直营制企业，王卫的性格也在那之后发生了些许改变。王卫对佛教的接触是在什么契机下发生的，媒体一直没有报道，但是王卫对佛教的虔诚却是人人皆知的。佛教中的因果关系和精深教义给了王卫醍醐灌顶般的警示和启发，那个曾经以为有钱就很成功的人终于在信仰中摆脱了狂傲不羁的状态。"在企业的发展过程中，我越来越意识到，我今天所谓的成功，是天时、地利、人和集合到一起的福报。"

有了这种信仰，王卫谨慎而为的行事作风和低调的性格就更大程度地得到了发挥和展现。在他仅有的几次采访中，无论是观众还是记者，看到的都是一个为人平和、说话不急不躁的龙头企业掌门人。而在管理顺丰的过程中，这个曾经轻狂过、也低调了的"非霸道总裁"总是能游刃有余地做到更好。

在顺丰的一次内部讲话中，少语的王卫在谈到信仰时说，从22岁创办顺丰到25岁公司初具规模，自己总算是赚到了人生中的第一桶金。年轻得志的他也曾经有着一副标准的暴发户做派。但这一切都是有背景和原因的，1977年王卫全家从内地移居香港，面临着一穷二白的境况，一切都要重新开始。即便是曾任大学教授的父母，也只能因为学历不被承认而去做工人，收入微薄。

穷过的王卫更加清楚贫穷和被人歧视的滋味，而让王卫从这样的心态中走出来的原因主要有三个。他说，随着事业不断迈上新台阶，个人的眼界和心胸自然会发生改变；在自己头脑发热的时候，太太的提醒让他能立刻恢复冷静，保持头脑清醒；另一个原因就是佛教给王卫带来的精神依托。

在国内企业界，信佛的企业家不在少数，香港企业家李嘉诚就是著名的信佛的商人。"崇德尚儒，善心无量"，这是李嘉诚的信仰，也是诸多信佛的人的信仰。

王卫在对佛教的皈依中找到了思想上的归属和依靠。这份信仰也让他在企业经营之道上常有感悟。王卫曾经在一次演讲中说过这样一段话："今天的社会，经济大发展了，但人心却更浮躁了，很多人都在有意无意地追求'威'（广东对'威水'的简称，意思是炫耀、傲慢）。有人觉得有钱有权就有'威'，我认为这个观念是完全错误的。'威'不是建立在金钱或权力的基础之上，而是建立在道德的基础之上。一个人可以昂首挺胸地走在路上，收获尊敬且乐于亲近的眼神，这才叫'威'。"王卫将这称之为一种"以德服人"的态度。

摆脱了年少轻狂的王卫常常和员工说要保持一颗平常心，好的心态是制胜的关键。在佛教中，平常心也是一种境界。"菩提本非树，明镜亦非台。本来无一物，何处惹尘埃。"惠能大师这种超脱外物、超越自我的境界对"平常心"做了最好的解释。作为一个企业管理者，王卫时刻提醒自己保持好心态，以平常心去看待不平常的事，则事事都平常。在佛教中，这种心态将让人无时不乐也无时不忧。王卫常常强调，"莫让急功近利焚烧我们的内心"。这些年，信仰的力量成了王卫的精神依托，也指引着顺丰在一条越来越宽阔平稳的道路上前行。

隐身于世的神秘粤商

在郎咸平的《中国商帮》一书中有这样一句话："历史上持续成功的商帮只有两个，一个是浙商，一个是粤商，主要优势是都靠海，都是贸易集散地。而且，最先接触西方现代管理知识的，就是宁波、广东这一批人。"在刚刚出炉的 2020 胡润百富榜中，浙商连续三年蝉联第一，粤商排名第二。巧合的是，在我们这本书里，无论是谈到快递还是电商，也都始终绕不出浙商和粤商两大商圈。

快递行业的"桐庐系"来自浙江桐庐，顺丰的创始人王卫来自广东顺德，两大商圈各有特点，但和头脑灵活、喜欢依靠地缘关系逐渐扩大市场范围的浙商相比，粤商还有一个特点就是极尽低调。

出生于广东顺德的美的集团创始人何享健多年来一直提倡"只做不说，埋头苦干"的工作作风，且远离公众，为人十分低调，以至于美的集团早已家喻户晓，但何享健的名字却让公众感到极为陌生；出生于广东普宁的陈凯旋 2019 年已经名列福布斯全球亿万富豪榜和胡润百富榜，2020 年 7 月更以捐赠现金总额 1481 万元名列《2020 福布斯中国慈善榜》，但是如果不提起著名的立白集团，恐怕很多人还不知道陈凯旋是何许人也；聚龙集团的董事长梁伯强的名字就更让人感到陌生了，但他却是全球"指甲钳大王"，他的企业生产的指甲钳已经占据了全球三分之一的市场份额……王卫和这些领军人物一样，个个都是"扫地僧"的做派和性格。

1997 年香港回归，中铁快运在北京创立。广东和香港之间巨大的快递业务发展潜力吸引了中铁快运的注意力，于是，公司业务人员立刻前往广东，想和当地官员商讨借助铁路开通香港和广东地区快递业务的相关事宜。让他们失望的是，当时整个华南市场已经几乎被一家名叫顺丰的公司垄断了，任何人再想开通这条线都拿不到足够的业务资源。

2002 年，顺丰正式在深圳福田区成立了企业总部，更让人啼笑皆非的是，低调如王卫，当时的顺丰虽然已经在全国开设了 180 多个网点，并拥有了深港货运 70% 的份额，但是，深圳市领导直到去北京参加邮政部门会议时，才得知深圳居然有一家快递行业的龙头企业。从那以后，深圳市政府才开始密切关注这个悄然之间已拥有了福田万基商务大厦几乎整栋大楼办公区的民营企业。王卫的低调可见一斑。

所谓"地不畏其低，方能聚水成渊；人不畏其低，故能孚众为王"，王卫就是这样的一个企业家。在他罕见的几次媒体露面上，人们经常看到一个要么穿着牛仔裤，要么穿着顺丰工服的中年男人，丝毫没有一个企业创始人的做派。和其他很多低调的粤商一样，如今在广东，很多名列富豪榜的人走在街上仍然是一副毫不起眼的装束，人字拖、大 T 恤常常是这些人的日常穿搭。就连王卫自己也曾在穿着打扮的低调上闹过笑话。

顺丰优选的总裁刘淼曾经讲过这样一个趣闻，当时刘淼带王卫去见某单位的部门领导，竟然被误以为是带了个司机来。牛仔裤、双肩包、白衬衫、运动鞋就是王卫平常的打扮，这一身朴实的穿着完全不会让没见过他的人把他和顺丰总裁联想到一起。

王卫的低调不仅对外，而且在企业内部更是如此。多年来，王卫始终保持着定期到一线收发快递的习惯，但是认识王卫的员工却少之又少。有一次，王卫在某快递网点整理货物时，同事们还以为公司里来了新的实习员工。

在他的影响下，顺丰内部的高管们也非常低调，在一次采访中，顺丰某副总裁曾说："出来说多了，不管是经验还是困难，最终的压力会施加到公司内部，与其这样，不如脚踏实地地干，这样心里更踏实。"

和顺丰的声名远播相比，王卫的低调的确呈现出一种巨大的反差，在国内市场上，顺丰的中高端定位、行业内较高的派送价格、更快的派送速度和更优质的服务，以及一线快递员的高收入，都是顺丰的"高调"之处。相比之下，王卫对媒体的回避、对资本的警惕就给人留下了更加深刻的印象。

有传言称，一位行业报的主编曾经多次邀请王卫"来编辑部坐坐，不是采访，只是内部交流"，却一直没等到王卫。王卫甚至还多次拒绝过中央电视台的采访。据一位快递行业的资深人士透露："有一次，邮政局领导都递话了，他还是委婉拒绝了。"直到 2011 年，王卫破天荒地接了广州《羊城晚报》的专访，在采访中，他非常直白地说："我习惯了低调的生活，做一个平常的老百姓、一个凡人很舒服，没有威胁。"

2017 年 6 月，在中国香港，由腾讯主办的"粤港澳大湾区论坛"顺利举办。在马化腾邀请的嘉宾中，王卫的出席让很多人感到惊喜。除了王卫，包括大疆创始人汪滔、格力电器董事长董明珠在内的百余位粤港澳知名企业家和政商界名流也纷纷到场。论坛上，一向少言寡语的王卫不失幽默地表示："马同学让我的低调牌坊没有了，我感谢他。"之所以这么说，是因为这是王卫首次公开出席外部活动。

在谈及顺丰和腾讯的差距时，这个低调的不愿意和外界接触的总裁似乎有很清楚的认识，他说："马总除了打造内部环节，还有更开放的模式和不同的合作伙伴，赢得了更多机会。这就像我周六日喜欢一个人在山里骑车，马总喜欢和二三十人一起爬山一样，时间久了，圈子自然不同了。"

当时各大媒体争相报道，《王卫对话马化腾：一念之差就是千亿和万亿的差别》《马云都不见的他，却被马化腾请来了》这样的标题几乎刷屏了。据粗略统计，类似的报道在第二天就达到了 93500 多篇，可见王卫本次公开露面在新闻界引起了很大的关注，也是在那次论坛上，王卫让更多人了解到了他风趣幽默的一面。

静观其变，口碑至上

"全球第一 CEO" 杰克·韦尔奇曾经在任职通用电气董事长期间强势收购了几百家潜力巨大的公司，在其任职的短短 20 年里，他将一个弥漫着官僚主义气息的公司一点点打造成了一个富有生机的行业巨头。不仅如此，韦尔奇所推行的"六西格玛[1]"标准、全球化和电子商务几乎重新定义了现代企业。在韦尔奇卸任以后，人们谈及他的成就时，认为作为全球最伟大的商业奇才之一，韦尔奇对通用电气最大的贡献就是收购了几百家公司，壮大了通用电气自身的实力。但是他自己却说："不，我对公司最大的贡献是拒绝了至少 1000 个很值得投资的机会。"

作为一个企业的领头人，不忘初心、保持清醒是非常重要的。王卫在经营顺丰的二十余年中，也同样拒绝了各种各样的机会和诱惑。

2005 年，我国企业界出现了一股被称为"卖猪热"的收购热潮，

---

[1] 六西格玛：是一种管理策略，它是由当时在摩托罗拉任职的工程师比尔·史密斯于 1986 年提出的。这种策略主要强调制定极高的目标、收集数据以及分析结果，通过这些来减少产品和服务的缺陷。从 20 世纪 90 年代中期开始，六西格玛被美国通用电气公司从一种全面质量管理方法演变成为一个高度有效的企业流程设计、改善和优化的技术，并提供了一系列同等地适用于设计、生产和服务的新产品开发工具，继而与通用电气公司的全球化、服务化等战略齐头并进，成为全世界追求管理卓越性的企业最为重要的战略举措。

当时很多企业都在把业务做熟以后，将其以一个非常可观的价格卖给其他公司，通常卖给外资企业。比较著名的例子有，2005 年，国内知名化妆品牌"小护士"被欧莱雅收购；2006 年，苏泊尔的大额股份被法国 SEB 集团以部分要约的方式收购；2011 年，美国知名餐饮企业百胜集团收购了我国著名餐饮企业小肥羊……

这样的例子比比皆是，在这股风潮中，很多公司也都顺利地卖了一个好价钱，但是王卫始终远离这股热潮。其实如果仔细回顾一下 2005 年发生的重大事件就会发现，王卫对这股热潮的排斥和他后来表现出的对资本的距离感，并不仅仅是性格使然，很大程度上是因为经济环境的微妙变化和客观风险。

2005 年，中国制造业席卷国外市场，"Made in China"的字样早已在欧美国家的各个角落隆重亮相，并影响着人们生活的方方面面；中国台湾 IT 明星企业明基 – 西门子并购案的曝光，成了年度内最能凸显跨国并购巨大风险的特别案例；欧洲各国开始弥漫着一种浓重的以中国商品为对立面的极端情绪，这种情绪的蔓延居然导致了一个叫"非中国制造"的标签的诞生，用来安抚当地制造商；而在大洋的这一边，在中国境内，那些漂洋过海远道而来的跨国品牌，诸如宝洁、索尼、雀巢、戴尔等，却正在遭受着接连不断的公关危机……

某种程度上，这是个多事之秋，因此，一向谨慎的王卫表现出了更加异于常人的对资本和并购的警惕，多次拒绝跨国公司的并购请求，甚至在融资方面也表现得非常谨慎，"资本洁癖"的标签就是在这个时候留下的。

除了著名的经济事件对自身的影响，王卫对顺丰的感情成了让他拒绝诸多诱惑的重要内因。多年来，王卫从不允许外界资本注入顺丰，对他来说，这个从六个人起步、靠背包和拉杆箱一点点成长起来的公司，就像自己的孩子，接受融资或收购所带来的诱惑远远比不上他对顺丰所付出的这份心血。不仅如此，作为一个有家国情怀的企业家，沉默如雷的他也有自己的远大理想，把顺丰打造成中国的联邦快递是他在企业经营过程中始终不忘的初心。

何况对于任何一家企业来说，外来资本的注入势必影响到管理层的决策，进而影响到企业的独立性和掌控权。因此，王卫始终将人们梦寐以求的高价收购和资本注入拒之门外，直到万事俱备、只欠东风的时候，才在上市前夕第一次向新资本敞开了怀抱，并力求在资本注入以后，依然让顺丰保持更多的主动权和发展的可能性，保证在上市以后依然以企业效益和服务质量为先。

2014 年，在顺丰内刊上有一篇题为《服务质量是企业的"生命线"》的文章，署名作者正是领头人王卫。这是顺丰融资的第一年，观念有所转变、战略有所更改的王卫面对的是更加未知的明天，从那篇文章的字里行间可以看出，44 岁的王卫表现得非常谨慎而又冷静，他在文章中主要强调了三个方面：

第一，做好服务，需要视客户为老板。王卫在文章中毫不护短地说，自己明显感觉到顺丰的服务质量有所下降，这种下降不是某个地区或某个业务范围内的个案，而是有一定普遍性的。因此，他才一再强调服务的重要性。王卫说，顺丰的服务质量不可以和同行趋同，甚至要和其他快递公司拉开一定的距离，如果不能做到这一点，这条"生命线"迟早会威胁一个企业的安危。不仅如此，他还发现顺丰快递员对客户的服务态度也在下降，这是王卫最担忧也最不能接受的。多年来，"最后一公里"对快递行业来说有多么重要早已不言自明，如果这个问题得不到重视和修正，客户早晚会流失。

第二，业务决定收入，服务决定去留。公司转型以后，激励制度的调整无形中让很多员工一边倒地去追求业务量，王卫表示，这是一种对制度的误读，他也言简意赅地表明了自己的态度，解决这个问题非常简单，顺丰依然提倡业务做得多少决定员工收入多少，但还有一点，质量做得好坏决定这个人能否在当前的岗位上继续做下去。

第三，制度需与时俱进，人员需提升效能。在这个问题上，王卫反复提到了一个词——沉淀。这是个新概念，多年来顺丰一直在追求速度和规模，沉淀似乎并不是王卫常挂在嘴边的词。但 2014 年的顺丰已经是国家级"快递航母"的规模了，每年都有 6-7 万人涌入这个以速度著称的快递王国。而这个不小的数目对顺丰来说，却仅仅是每年的新员工到岗数目。人员的更新换代和岗位的流通给这个庞大的机构带来了非常艰巨的管理任务和有些棘手的新局面。在制度层面，一方面，很多制度并没有得到真正的贯彻执行；另一方面，在执行的过程中，执行时间也没有得到良好的把控；最重要的是，在一个高速发展的经济环境里，顺丰必须紧跟时代步伐，制度的与时俱进是管理环节中至关重要的一部分。王卫承认，这两个难题在短期内都无法得到切实有效的解决，因此，在流通中静下心来学习、沉淀，才是让一个企业稳步前进的基石。

　　和其他很多企业家相比，王卫有着出色的自省意识和观察力，2014 年作为顺丰转型的第二年，少言寡语的他已经觉察到顺丰正在发生和即将出现的问题了，这种能在机遇和诱惑面前保持思想独立性、冷静、克制的品格，让顺丰的口碑始终不减。王卫是一个真正的以实事求是的态度去面对一切的企业领导者。

这些年，靠的是"专注"

曾经有财经记者采访王卫："做好一个企业最重要的是什么？"王卫的回答是"专注"。在快递行业摸爬滚打的这些年里，王卫始终把注意力放在企业发展上，心无旁骛地经营着自己的快递王国。

顺丰刚刚在砵兰街起步的时候，由于抢占了很大一部分市场份额，单打独斗的水货佬们和想要在这里分一杯羹的其他民营企业都对王卫产生了很大的敌意。"老鼠会"的称号曾经在业内流传了很长一段时间。面对同行的讥讽和恶意竞争，王卫非但没有表现出年轻气盛的一面，反而把沉默低调的性格发挥得淋漓尽致，完全屏蔽了来自外界的声音，把全部心思和注意力都放在了企业经营上。

在顺丰收回各地网点经营管理权，准备从加盟制转为直营制的那些年，业内和外部环境都曾给王卫施加了不少压力，各地加盟商也拼尽最后一丝力气和他做了长时间的顽强抵抗。直营模式的利与弊是顺丰即将面临的一个长期问题，王卫不可能不考虑，也不可能没有压力。当时，业内其他竞争对手都还在加盟制度的管理下有条不紊地运转着，顺丰这么大刀阔斧的改革是否真的会保住自己目前的势力范围？这些问题是年轻时的王卫永远无法逃避的。

但即便是如此大的压力和困境，他仍然坚持自己的想法和判断。作为营业额和员工收入都遥遥领先的快递企业，顺丰和其他企业有很大的不同，不转为直营，任加盟商的势力不断壮大，就等于坐以待毙。

因此，笃定如王卫，他在这个紧要关头没有被外界的声音所干扰，而是非常雷厉风行地完成了这场凶险万分的收权行动。

在收权即将进行到尾声的时候，一个更加无法躲避的挑战也降临在顺丰身上。早在 1986 年，《邮政法》就已经规定："信件和其他具有信件性质的物品的寄递业务由邮政企业专营。"2001 年起，根据这条规定，邮政部门开始大力查抄民营快递公司的"非法货件"。作为以中高端客户为主、主要承运小件物品的顺丰，在这个时候被推上了风口浪尖。文件和单据是顺丰业务范围内的一个主要构成部分，在这种大力查抄的压力下，顺丰最多的一次曾被罚款 500 万元。

面对这种局面，很多快递公司都叫苦不迭，王卫却依然沉默不语。因为这个魄力和耐力兼具的年轻老板深知当务之急是什么。国家的明文规定摆在这儿，违反规定就只能接受处罚，但是企业的发展方向在自己手里，必须先把掌控权全部收回才有余地谈以后。因此，他一边顶着政策上的压力负重前行，一边朝着顺丰该走的方向迎难而上。

在顺丰后来的发展历程中我们不难看到，无论是"非典"期间和扬子江快运签约还是首个"双 11"的从容应战，无论是公司对危机事件的应对还是行业内新的战争的迭起，无论是涉足电商金融的生疏和急迫还是失败以后充斥的各种议论与推测，王卫始终没有做出任何回应，他的注意力和行动力的重心全都实打实地落在了顺丰的业务与经营层面。

即便是在 2013 年，顺丰蓄力上市前夕颠覆性地甩掉了"资本洁癖"的标签，接受了几家大公司的融资，总裁王卫依然以"不知道说什么"为由，以沉默回应了诸多媒体。

当一个人屏蔽外界的声音越多，越有可能把大部分甚至全部的注意力放在同一件事上，这种专注的品质是推动一个人给自己带来良好成绩的内驱力。

在我国历史上，西汉思想家董仲舒"三年不窥园"早已传为美谈。少年时期的董仲舒非常刻苦，经常夜以继日地读书，其父董太公看在眼里疼在心里，为了让儿子劳逸结合，他决定在家宅后面修建一个花园，让董仲舒可以在读书疲惫的时候到园子里逛一逛。结果让董太公没有想到的是，园子建好以后，一心读书的儿子却三年都未曾去过。后来董仲舒成了西汉杰出的思想家，公开聚众讲学，弟子遍布四方。

王卫在经营顺丰的这些年里，也表现出了类似的专注。在电子商务和网络还没有成为快递行业的"搅局者"之前，顺丰始终坚持不盲目跨界、不盲目扩张、一心一意地在快递产品细分和品质提升上钻研着，直到电子商务和电商涉足物流行业，王卫才开始把业务范围扩大化。

但是头脑清醒的他依然不忘顺丰的核心和主业，对于顺丰未来的发展规划，王卫强调了两个方面：

第一，专注于产品的落地。"健康的产品和定位会砍掉不少客户，我们不追求不健康的乐观，也不做备胎，负毛利的产品我们不会去做。"明确产品定位是顺丰在抢占华南市场时就已经开始坚持并践行的事情了，所谓"贪多嚼不烂"，一个想要长足发展的企业，有明确的客户定位至关重要，只有把目标客户服务好，才能让自己走得更长远。相反，如果定位太过宽泛，最后的结果很可能是每一个客户的需求都没有得到最大化满足，反而适得其反。

第二，全面提升客户体验。对顺丰来说，这些年无论从产品到人员，还是从网点到总部，始终有一套非常完整而明晰的管理体系，虽然王卫也承认这套体系在这个庞大的机构中很难省时高效、与时俱进地运行，但是多年来，顺丰的服务始终有口皆碑。客户作为行业生命线的唯一维护者，他们的体验决定着一个企业的兴衰成败。

谁陪我敲响上市钟

2016 年 4 月 17 日下午，顺丰快递员被掌掴事件引发网络热议，一向低调的王卫强势发声，表示要追究到底。这件事一经传播，顺丰公司迅速表态，于当日晚 7 点在顺丰官方微博上以一种略显温暖的方式对该事件做了首次回应："我们的快递小哥大多是二十几岁的孩子，他们不论风雨寒暑穿梭在大街小巷，再苦再累也要做到微笑服务，真心希望发生意外时大家能互相理解，首先是尊重。我们已找到这个受委屈的小哥，顺丰会照顾好这个孩子，请大家放心。"

顺丰官博的发声让公众感到了一丝暖意，也是在事发当天，身为顺丰总裁的王卫第一次在朋友圈强势发声。

为了尽快推进事件进入法律程序，4 月 18 日晚，顺丰官博再次针对该事件进行声明，声明中非常明确地提出了三点主张：

1. 反复殴打行为极其恶劣，不同意对方的调解诉求，对于此寻衅滋事行为建议追究刑事责任；

2. 今后若发生类似事件，顺丰将依法维权，对员工的合法权益保护到底；

3. 服务行业十分辛苦，需要彼此理解和尊重，望共同维护社会公平正义。

声明发出以后，针对事件发生的经过，顺丰负责人也进行了事件还原。几家权威媒体在经过认证、取证以后也表明，事发时视频中的黑色轿车阻挡了部分路面，使正在收派件的快递小哥无法通行。该小哥示意轿车车主挪动车辆，然而就在快递车开过轿车车头和路边空地时，原本已经挪动位置的黑色轿车忽然起步，并向右后方倒车，这才与快递车发生了碰撞和剐蹭。事情得到核实以后，该事件立刻进入了法律程序。

对于本次事件，除了公众的关注，媒体也纷纷对王卫"罕见"的强硬态度进行了报道。2017年，顺丰在深交所敲响上市钟，王卫身边站着的正是被掌掴的快递员。这是一个企业的领头人能够给予员工的最大的安全感和尊重。

王卫曾经说过，他们是顺丰最可爱的人。"给员工尊重"是他多年来一直强调的事情。在王卫为数不多的一些演讲和企业内部讲话中，他也多次表示："一线快递员是支撑顺丰的基础，是顺丰真正的核心资产！"

近年来，顺丰员工的结构也在发生着巨大的改变，随着教育的普及和高等化，越来越多的高学历人才来到了顺丰。2003年，顺丰北京地区迎来了首个大学生员工，从那以后，顺丰员工的构成中开始有了高学历毕业生的身影。

2008年经济危机，王卫又一次逆风而行，虽然经营方面遭到一定创伤，但是由于经济萧条导致大学生就业难，因此顺丰在那一年顺利招收了大量的本科毕业生，那是顺丰第一次大面积地向高学历人才伸出橄榄枝。

如今的顺丰不仅员工学历水平得到了提高，随着"90后"甚至"00后"毕业生的到来，顺丰员工的平均年龄也在下降，如今，快递员中很大一部分都是"90后"。这些年轻人大多来自独生子女家庭，想法和十几年前的年轻务工者非常不同，这也给王卫在管理顺丰时带来了巨大的挑战。

能否让这些孩子们开开心心地留在这个行业里，取决于企业对待员工的尊重程度和待遇诚恳度。"90后"的年轻人自我意识更加突出，他们除了追求可观的收入，更追求理想和自我完善，看重自身价值的发挥和体现，同时，在意外部环境对自身行为的反馈和评价，这套复杂的评价体系一旦和企业管理理念相左，很容易让员工离心。

在一次顺丰内部会议上，年过五旬的王卫眼含热泪地说自己看见一个顺丰员工在顶着风雪吃便当，他说我们要把这些孩子当成自己的孩子，而不是别人的孩子，我们要学会换位思考，不要认为只关心自己的孩子就可以了。因此，我们今天所看到的顺丰，将更多的尊重、理解和自由注入企业内部，年轻人也在这样的环境里感受到了企业给予的成就感和安全感，这两种感觉加在一起可以保护尊严，有了尊严，才会有快乐。

一个企业的创始人也许不会事事都想得正确，也不会事事都尽善尽美，但是真正的王者风范，就是懂得接受自身的不足，也懂得屏蔽外界的干扰，在一个非常理性的空间里自省并完善自己，也在一个恰当的时机敞开胸怀接纳世界的变化，无论是"闭关修炼"还是驰骋江湖，核心都是修炼好自己的内功，保护好自己的队员。有了这样的心态，才能守业。

第十章

涅槃重生：低谷后的反转

　　从 1993 年到 2017 年，二十四年的栉风沐雨中，顺丰经历了初创、发展、创新和上市，看似一帆风顺，实际一波三折。顺丰的直营模式使其具有天然的弱势，上市以后也面临着新的转折和挑战，面对异常残酷的现实，顺丰和王卫迎来了不可避免的企业阵痛期。在与现实博弈的过程中，王卫也再一次表现出了一个成熟企业家临危不惧的素养，于涅槃中重生，是上市钟敲响后王卫和顺丰共同经历的第一场考验。

绕不开的先天不足

2017 年，在深交所的上市钟声里，身价暴涨、跻身胡润富豪榜前三的王卫成了年度备受关注的人物，但在顺丰看似前景一片大好的表象下面，危机和风险也在暗流涌动。

2018 年 6 月，一个世界级的物流枢纽在香港国际机场诞生，但这次，幕后老板并不是顺丰，而是菜鸟网络与中国航空、圆通速递。原来，为了提高自身竞争力，三家公司共投资 120 亿港币，强势建设了航空物流枢纽。同年 7 月，喻渭蛟带领的圆通速递趁热打铁，又独自在浙江嘉兴机场建设了全球航空物流枢纽。

在几家公司的竞相追赶下，很多其他快递公司和电商也纷纷加入到自有物流枢纽建设的大军之中，2018 年 12 月，京东物流与南通市政府合作，共建航空货运枢纽。

竞争对手的这些大动作对于一向以空运为优势的顺丰来说，无疑是一个潜在的巨大威胁。多年来，经历了创业、发展、创新和上市，顺丰的发展壮大有目共睹，但随着科技发展和同行的追赶，顺丰的优势空间也在不断缩小。

然而，这并不是最让王卫头疼的地方。早在几年前接受央视财经采访时，王卫已经对顺丰速度做出了非常中肯、客观的评价。那时，王卫就非常清晰地认识到，速度上的快并不是顺丰固定不变的优势，随着运输手段的多样化和全面提速，在未来，甚至在今天，各大民营企业之间的速度差异已经越来越小了。真正让王卫感到担忧的，是在优势空间缩小的同时，伴随着上市带来的不适应感，顺丰的先天弱势正在逐渐暴露。

和其他快递公司不同的是，顺丰的先天不足很难在短时间内快速逆转，"烧钱"的直营模式也在很大程度上挑战着顺丰的经营和管理水平。作为我国民营快递的老大哥，顺丰的优势自不必说，2003年王卫首开航空运输的先河，使顺丰的派送速度大幅提升，在很长一段时间里，"快"是人们提起顺丰时想到的第一个关键字。但高昂的运输费用和自有航空梯队的运营与维护，都在很大程度上提高了经营成本，导致快递价格上涨，顺丰也就顺理成章地成了国内速度最快但也是最贵的快递公司。

而初创时确立的中高端客户小件物流派送的定位，也在后来的市场布局和业务扩展方面为企业发展带来了一定的制约。最致命的是，随着电子商务时代的到来，顺丰除了自身素质过硬以外，在业务依托上几乎无法和其他快递公司匹敌。在电商的崛起中，顺丰是唯一一家没有电商平台支持的快递公司。

放眼国内，无论是"四通一达"还是京东物流，都有淘宝、天猫和京东商城做依托。就连此前曾借道菜鸟网络的拼多多，也在自建物流系统，拼多多创始人、CEO黄峥曾表示，公司将采用轻资产、开放的模式，通过技术手段为商家和用户提供最优的解决方案，开发拼多多自己的"新物流"技术平台。

这些变化对刚刚上市的顺丰来说并不算是好消息，竞争对手自建航空物流枢纽的白热化竞争，看似是在缩小速度差异，本质上还是在抢占市场和客户。与此同时，电商领军人们也纷纷布局自建物流系统，如果王卫不做出一些改变，仅顺丰自身的天然弱势就会让自己陷入非常被动的局面。

因此，早在2010年，习惯了防患于未然的王卫就已经开始布局电商和线下实体店了。熟悉王卫的人曾说，顺丰只要3个月不创新，王卫就睡不着觉。因此，在绕不开的先天不足中，王卫也曾试图寻找出路。

然而跨行业的尝试毕竟需要经验，一向所向披靡的王卫也无法再做常胜将军了，在这场匆促而又略显冒进的突围中，王卫迎来了一次滑铁卢。

2010年，"顺丰E商圈"成立，随后，第三方支付平台"顺丰宝"也随之诞生，王卫对这两个产品抱有很大的期望和寄托，但是结果却不尽人意，两个产品很快就以失败告终。

2012年，王卫飞到北京给高管们开会部署重量级产品"顺丰优选"，原以为"顺丰优选"的上线会带来不一样的回馈，但没想到微薄的利润让顺丰无法支撑平台长久的运营和发展，只能缓缓维持，"顺丰优选"也陷入了一个非常艰难的境地。

在这之后，愈挫愈勇的王卫继续坚持探索，先后于2014年5月和2015年推出了顺丰实体店"嘿客"和主营跨境电商业务的"顺丰海淘"（后更名"丰趣海淘"）。但是和之前的尝试一样，原计划抢滩O2O领域的"嘿客"无论在任何一个方面都没能形成"三位一体"布局的核心竞争力，王卫力图打造"快递收发站＋社区便利店＋线下体验店"的愿望破灭了，"嘿客"门店的纷纷关闭是顺丰在布局电商和实体店历程中受到的一次重创。

至于主营跨境电商业务的"顺丰海淘"，更是举步维艰。"海淘"的迅速兴起和规范的欠缺形成了巨大的反差，狂欢过后，消费者购物时很容易陷入"乱花渐欲迷人眼"的局面中，"顺丰海淘"的贴吧上更是出现了很多关于商品真伪的争论与担忧，国内海淘的假货风波持续不断，"顺丰海淘"也没能在这种鱼龙混杂的市场环境下转危为安，摘取胜利果实。

短短的几年时间里，王卫这一系列尝试不仅没有为顺丰找到弥补自身弱势的出路，甚至还带来了较大的亏损。从2013年至2015年，顺丰在电商领域亏损了16亿元。这场突围赛，王卫没能成功。这主要是因为，一方面，行业壁垒正在被打破，各行业领军人的竞相角逐使"人生地不熟"的顺丰很难在混战中找到一席落脚之地；另一方面，顺丰自身的弱势始终无法避免，因此也很难在新的行业创新中找到正确思路。

更令人感到担忧的是，经历了二十多年的发展，国内快递市场已经趋于饱和，行业风口期正在快速消退。

吸引人们纷纷下海投身快递业务的那个时代早就一去不复返了，几家老牌快递公司虽然在业内站稳了脚跟，但是根据国家邮政局统计的信息显示，近几年，我国快递业务量增幅正在大幅回落。在同行们纷纷建设自有航空机场的 2018 年，业务量增幅回落最为明显。

2016 年，我国快递业务量增幅还曾经保持在 51.3%，2017 年就迅速降低到 28%，至 2018 年，已经进一步放缓到 22.2% 了。业务量的不断缩水和企业要维持的经营管理支出不成正比，致使快递公司的毛利润也在缩减。据数据显示，从 2007 年至 2018 年，我国快递行业的毛利润空间已经从早期的 30% 一路降低到 5%。

这些问题在顺丰上市后几乎集中暴露了出来，多方面的压力让王卫陷入了前所未有的困局，顺丰的上市转型之路也不可避免地在刚起步时就迎来了空前的瓶颈，无论是行业隐疾还是企业自身的病根儿，都很可能成为未来某一天威胁企业根本的隐患，这一次，王卫必须尽快想出应对之策。

业态外延，并购不断

经过了一系列挫败以后，王卫意识到，想要快速地在行业互通的混乱局面中站稳脚跟，依靠"打入敌人内部"的方式恐怕是不行的。所谓"隔行如隔山"，顺丰涉水电商和实体店仍然欠缺经验和完整可行的规划。在现实面前，王卫从不执拗，他开始思考另一条出路。

2018 年，身价已不同往日的王卫在人们的关注下开始了非常豪气的"买买买"。当年 3 月，王卫的第一个收购计划从广东传统零担企业新邦物流开始了，顺丰以 17 亿元收购了新邦物流 71% 的股权，这也标志着顺丰终于打破了"小件货，中高端"的市场定位，开始在重货快运业务上开疆扩土了。

众所周知，重货业务始终都不是顺丰的重点，甚至一直以"填仓货"的形式存在。如今，各行业之间的混战已经硝烟四起，再将重货物流拒之门外不再是明智之举，但是如果让顺丰自己去开辟重货市场，不仅需要大量的时间和专业人员，而且，以顺丰当时的运货能力和承运空间来看，在业务高峰或仓位紧张时，重货部分依然要收缩，以便为普运业务让步。基于以上种种考虑，善于打破常规的王卫想到了"并购"这个手段，经过一番市场调查和深思熟虑，最终，顺丰选择了广东本土企业新邦物流。

新邦物流当时在国内已经非常有名气了，主营业务为公路运输、航空货运代理和零担物流托运等，在被顺丰并购之前，新邦物流已经在全国拥有 1000 多个网点、8000 余名员工和 2000 多辆运输车，专业物流设备 1000 多套。此外，主要发展重货业务的新邦物流还有占地面积相当可观的仓库和分拨场地，据了解，当时该物流公司的仓库和分拨场地占地总面积已经超过了 100 万平方米。

这个数字对王卫来说是非常诱人的，新邦物流对王卫的诱惑不仅仅在可观的专业设备和仓储面积上，最主要的是，新邦物流有着非常强大的市场布局网络。在被顺丰并购之前，其网络覆盖数量已经达到全国二级以上城市 248 个、三级以上城市 725 个的水平，覆盖了全国 95% 以上的县级城市。这才是王卫最看中的地方，无须操心的已成规模的农村网点布局成了新邦物流被王卫选中的重要原因。所有人都在好奇，一家日吞吐量达到 6000 余吨业务量的物流公司，将会为顺丰带来怎样的助力呢？

后来的事实证明，有了新邦物流的加入，顺丰的重货业务发展很快就进入了快车道。一个从前只负责派送文件、合同以及小件物品的快递公司，渐渐地也开始把触角伸向重货领域，业务板块的外延为顺丰的发展带来了不小助益。

同样在 2018 年，顺丰还发生了另外一件大事，这件事是带领顺丰成功完成业态外延的关键。那年 4 月，顺丰参与了飞协博（Flexport）1 亿美元的融资。这对外界来说无疑是个爆炸性的新闻，一向在资本面前表现得极为"清高"的顺丰居然再次融资，王卫到底在打什么算盘？说到这儿，有必要先介绍一下飞协博。

2013 年成立于美国硅谷的飞协博是一家国际航运经纪公司，主要专注于国际货运代理，其业务范围涵盖海运、空运、卡车、铁路货运、仓储、海关和贸易咨询、融资、保险等，是亚马逊在物流领域的主要竞争对手。飞协博不仅涵盖业务广泛，而且具有其他国际物流不具备的优势。针对国际物流链条长、环节多、监管制度复杂等问题，飞协博顺利避开了这些问题，着力重塑了国际物流行业的服务流程，真正实现了门到门运输过程中整个供应链的线上可视化，为全球供应链提供着更加明确、敏捷、高效的强大支持。如今，飞协博连接 109 个国家的近 10000 个客户和供应商，包括成熟的全球品牌和新兴品牌，并为其提供全方位的货运代理服务，其实力可想而知。

2019 年 2 月，顺丰第二次参与了飞协博 10 亿美元的融资，有意思的是，这次领投的正是当年投资阿里巴巴的日本软银公司。

两次融资后，王卫希望能够借助这个机会，通过和飞协博的合作，顺利、快速地切入美国或其他国际市场，为顺丰的国际业务铺好路、布好局，同时提高顺丰的供应链管理水平。

但是，如此大手笔的并购、融资并不被外界看好，很多人也再次表示"看不懂"。从当时顺丰的自身处境来看，一边是巨额资金压力和业务的持续缩水，另一边，王卫居然还在这里出手阔绰地"买买买"。而同样有胆有识的圆通快递董事长喻渭蛟曾说过这样一句话："如果让大家都看懂了，我就不是喻渭蛟了。如果大家都看懂了，马云还是马云吗？只有你们不懂，才有我的机会。"喻渭蛟说得不错，做企业犹如下棋，能被对手看透的棋局又怎么会是一盘好棋呢？

就这样，善于"下快棋"的王卫继续发力，除了供应链管理和国际市场的预热，2018 年 8 月，顺丰又先后和美国夏晖集团、招商局和中国铁路总公司合作，在冷链、海运以及铁路运输方面精细化布局，尽全力夯实基础。

2018 年 10 月，王卫以 55 亿元的大手笔直接收购了德国邮政敦豪集团（DPDHL）在中国内地、香港及澳门地区的供应链业务。一时间，行业内和新闻界一片哗然。顺丰也针对这次斥资最多的收购发布了公告，对此次收购进行了解释：

> DPDHL 为全球领先的物流集团公司，在中国内地、香港及澳门地区提供高水平的供应链及合同物流服务。通过本次交易，顺丰控股将整合高质量的供应链物流资产，降低探索学习成本，在短时间内获得重要的战略能力。同时，通过商标许可，新公司

将可继续借力 DHL 品牌及其多年积累的卓越口碑，维持现有客户关系并持续开发新客户资源。在此基础上，双方的战略合作安排将使新公司得到持续的客户介绍及能力支持，结合顺丰控股在国内庞大的物流网络和丰富优质的客户资源，可以是现在供应链业务上的更优发展。

同时，王卫也霸气回应称："与 DPDHL 这家全球领先的公司合作，这个协议将会帮助我们达成全球发展的愿景。"

不得不说，这个低调惯了的粤商有着出色的抗压能力，面对自身不足和并不明朗的行业前景，王卫顶住了所有的压力持续扩张，企图绝处逢生。而他的扩张和外延并不是慌乱中的盲目之举，吸取了之前在电商、便利店领域碰壁的教训，尊重事实和市场选择的王卫开始调整战略，继续在主业上加大发展力度，希望能够从根本上提升自身的核心竞争力。因此才会有这些看似大手笔、实际上却蕴藏着无限生机和财源的"买买买"，在这些并购业务中，王卫正在为顺丰的明天铺路建桥。

企业阵痛，能否走出低谷

2017 年顺丰上市后，曾连续 5 日开盘即涨停，顺丰市值一度高达 2794.7 亿元，高居深交所第一。但是不到一年的时间，形势就发生了巨大的变化。2018 年，顺丰成了国内资产负债率最高的快递公司，那一年，为了尽快完成业态外延，王卫大手笔强势并购，导致顺丰负债急剧攀升。上市时募集的资金远远不能满足当时的投资需求，迫不得已的情况下，顺丰通过下属全资子公司在境内外发行了 160 亿元人民币的债务融资产品，试图借此缓解资金压力。

然而即便如此，顺丰还是毫不例外地迎来了上市后的阵痛期。与之形成巨大反差的是，当时，国内其他民营快递企业正是春风得意的时候，据相关数据显示，2018 年，已经远赴纽交所上市的中通快递当年的营收额为 176 亿元，这个数字虽然还不及顺丰营收额的 20%，但中通的净利润却高达 42 亿元，占比颇高。申通和韵达也呈现出极为迅猛的发展势头，同年，三家公司的净利润同比增长分别为 30.1%、37.46% 和 67.34%。这样的成绩说明顺丰和几家公司的差距正在逐渐缩小。

反观顺丰这边，在 2018 年的并购之路上，顺丰的负债持续攀升，根据 2018 年顺丰第三季度财报显示，公司的短期借款已激增近 20 亿元，从 2017 年年末的 46.19 亿元一路飙升至 66.17 亿元；公司应付债券 57.44 亿元，较 2017 年年末激增超过 50 亿元；顺丰控股负债总额也已经达到了 308.74 亿元，资产负债率达到 46.77%。而同样上市了的申通、圆通和韵达的资产负债率却分别为 19.40%、31.24% 和 33.96%。

这大概是王卫创办顺丰以来负债最重的一次，作为劳动密集型和资本密集型企业，顺丰想要在新的经济环境中提升优势和企业竞争力，就不得不加大资本投入，在新的业务增长点上发力。因此，从企业长足发展的角度来看，王卫的并购是正确的选择，但是高额的负债正在和行业内其他竞争对手缩短差距的营业额给外界留下了较为负面的印象。

和上市之前不同的是，王卫早就说过，上市以后，公司要考虑的方面会越来越多，不仅要考虑股东的利益，还要兼顾企业的健康发展。对于一家刚刚上市的公司来说，一份并不惊艳的财务报表将会带来什么，王卫比任何人都清楚。公司的利润在那一年因大笔并购资金的投入而受到影响，这样的发展状况使得广大投资者感到心慌和不满，大量股民选择在此时抛售股票，短短几天的时间里，顺丰的股价就大幅下跌。

股东们也在这个时候纷纷套现离场。其中嘉强顺丰、元禾顺丰、顺达丰润、顺信丰合、刘冀鲁等都先后发布了减持公告。一时间，王卫所面临的局面比此前更为困窘。2018 年，顺丰的股价一路下跌，从最高的 53.23 元 / 股跌到了最低的 31.8 元 / 股，1000 多亿市值就此蒸发，股价跌幅已经超过了 40%。

随着顺丰股价的大幅下跌和股东们的纷纷离场，一年前还高居胡润富豪榜前三的王卫也面临着身价的暴跌，2017 年，顺丰最高股价为 73.48 元 / 股，2018 年最低股价已经是 29.7 元 / 股，王卫的身价也在这一年缩水了 1100 多亿元。

曾经意气风发的顺丰在 2018 年仿佛走入了一个突如其来又极为漫长的瓶颈期，更让王卫感到沮丧的是，那一年，不仅营业额大幅下降、股价暴跌，一向被他放在第一位的员工也开始发出抱怨。

2017 年，上市后的王卫曾经非常慷慨地给员工们发了红包，鼓励大家一起走进一个未知的但也值得期待的新时期，那个时候的王卫和顺丰员工一定没想到，一年以后，寒冬就这样来了。由于企业负债激增，上市以后的顺丰还要考虑股东的利益，只能压缩成本，压缩员工福利，给股东提供业绩和分红。很多员工表示，上市以后的顺丰给员工的福利反而越来越少了。

这些抱怨对于王卫来说是非常刺心的，多年来，顺丰的初衷就是服务好客户，尊重并保护好员工的权益。如今，随着市场环境的变化和企业阵痛的到来，顺丰首次迎来了创业低谷期，国内快递市场在近几年已经趋于成熟，这种情况下，想要找到一些短平快的解决方案，像以前那样迅速把握主动权，已经是不太可能的事了。

行业成熟期的竞争靠的是沉着和冷静，是企业多年来积攒的口碑和经验，也是自身实力的一次较量。这一次，王卫还能不能扭转战局，摆脱阵痛，带领顺丰迎来一个更加光明的未来呢？对于这个问题，很多人都抱着不同的猜测。但是更令人意想不到的是，前脚上市，后脚收购，低谷期还没走过，2019 年 3 月，顺丰忽然宣布，陪伴顺丰二十余载的总裁王卫不再担任顺丰速运法人代表了。

退居幕后，运筹帷幄布全局

2019 年 3 月 1 日，顺丰传来了一个让很多人感到震惊的消息，消息称"王卫将不再担任顺丰速运法定代表人"，接替他的是陈雪颖。

当时，和王卫一样低调的顺丰高管们并不为公众所熟知，陈雪颖何许人也，很多人都不知道。只是在仅有的公开资料中可以看到，出生于 1970 年的陈雪颖是毕业于厦门大学工商管理专业的硕士，从 2004 年起，就在顺丰担任要职。回顾其工作履历，从 2004 年至 2015 年，陈雪颖历任顺丰控股人力资源管理总经理、总裁办负责人、人力资源本部负责人、厦门区总经理、华南分拨区总经理、深圳区总经理、华南经营本部总裁、综合本部总裁、速运事业群首席人力资源官等诸多要职。

多年来在顺丰身兼数职的陈雪颖在这时忽然接替王卫的法人位置，如此重大的人员变更引起了人们的广泛热议和猜测。对此，顺丰也及时做出了解释，表明此次变更属于公司年度梳理的正常工作，目的是提高顺丰的日常经营效率。并表示作为"顺丰控股"全资子公司的"顺丰速运有限公司"的法定代表人变更不会对顺丰速运、顺丰控股的正常运营造成影响，而"顺丰控股"的法定代表人依然是王卫。

对于顺丰的解释，人们还没来得及消化，一个月以后，快递行业其他两大巨头也做出了类似的决定。2019 年 4 月 9 日，申通率先发布公告称，因个人原因，公司总经理陈德军申请辞职，总经理职位将由陈向阳接任。陈德军则继续担任公司董事长、董事会战略委员会委员、审计委员会委员等职务。

2019 年 4 月 17 日，圆通也发出了一份公告。公告中明确指出，为了集中精力履行董事局主席的相关职责，喻会蛟（即喻渭蛟）申请辞去公司总裁职务。辞职以后将专注于公司战略规划，构建更加高效、完善的法人治理结构，并仍继续担任圆通董事局主席、董事局战略委员会主任委员等职务。总裁的位置将由潘水苗接替。

短短两个月，国内三家快递巨头企业法人代表纷纷宣布卸任，这在快递行业来说是前所未有的，尤其是在上市后的紧要关头，这些人纷纷退居幕后，到底是为了什么呢？

虽然猜测不断，但是关于王卫的卸任，业内认为是明智之举。2019年的顺丰已经创立了 26 年，规模日益庞大，企业管理工作也十分繁杂，作为企业的最高领导人，很多琐事难免牵扯一个人有限的精力。在这个时候抽身出来，退居到幕后，反而有利于从宏观上看问题，有利于更好地把握住企业发展的大方向。而这一切都需要几位企业家跳出日常事务，跳出现有的身份，换一个角度和立场来看待下一阶段企业的发展规划。

经历了二十多年的角逐，价格战和市场份额的争夺早就成了老黄历，如今各企业之间竞争的交锋点也已经发生了改变，上市以后，面对复杂的市场环境、股市的实时动态、股东和客户的权益保障，快递行业新的战略决策阶段已经到来。

好的战略部署需要头脑清醒、有勇有谋的军师，几位企业家只有脱离日常事务，才能更好地退居幕后继续做总指挥。因此，2019 年，为了从更高层面推动企业的资源整合，为快递行业发展提供强大动力和支撑，几大巨头纷纷从干了二十多年的岗位上走下来，坐在了一张等待他们研究、勾画的军事地图面前，成了部署战略的总军师。

拨云见日的新时期

经历了低谷期的王卫在 2019 年终于摆脱了日常事务的诸多烦扰，平心静气地坐在了这张新的军事战略图面前。经过一系列冷静的部署和规划，2019 年的顺丰迅速扭转战局，一改颓势，华丽转身。

这不仅得益于王卫的宏观调控，主要也得益于行业整体业务量的增加，作为资本密集型行业，快递企业需要借助规模效应[1]这条路，充分发挥现有产能、有效降低运营成本。2019 年，根据国家邮政总局公布的数据显示，从 1 月至 9 月，全国快递服务企业业务量累计完成了439.1 亿件，同比增长 26.4%；业务收入累计完成了 5271 亿元，同比增长 24.1%。顺丰也终于借助行业的快速增长进入了上市以后的第一段快车道。

业务量的增加带来了规模效应，2019 年 5 月起，顺丰业务量增速连续 5 个月提升，7 月已重回 20%，8 月突破 30%，9 月增速同比达到

---

[1] 规模效应：发展经济学概念，指的是与体现 GDP 增长方式的经济规模指数相对而言的、反映经济体经济发展程度的综合效益指数。宏观上，规模经济指一个经济体（通常为一个国家）用人类发展指数、社会发展指数、社会福利指数、人民幸福感指数来综合衡量的经济发展程度。微观上，规模经济指用产品、企业、产业附加值、综合效益等来衡量的发展指数。规模经济也指规模经济效益，即通过一定的经济规模形成的产业链的完整性、资源配置与再生效率的提高带来的企业边际效益的增加。

35.52%，创造了 2018 年 5 月以来的最快增速。不仅如此，根据顺丰 2019 年上半年报数据显示，公司上半年毛利率已经达到 19.82%，第二季度公司毛利率创造出近 8 个季度的新高，高达 21.50%。

在这种久违的良好势头下，王卫仍毫不放松，继续在新业务发展上锐意进取，精益求精。扩张转型以后的顺丰，核心的快递业务仍然在业务构成中占据比较重的份额，其业务量达到顺丰总业务量的 70%。为了借助行业东风推动顺丰再次启航，王卫开始布局全力发展快运、冷链运输、同城派送和供应链等。

这一次，已经卸任法人代表的他开始尝试放手让部分业务在一定范围内独立运营。2019 年 10 月 24 日，顺丰正式宣布，顺丰同城业务将以公司化形式独立运营，并独立运作"顺丰同城急送"品牌。对此，顺丰同城公司首席执行官孙海金透露，顺丰同城作为增长速度飞快的业务之一，仅 2019 年上半年，其业务营收增幅就已经高达 129.13%，目前的日均业务量也已经超过了 100 万单，快递员工数量超过了 30 万，覆盖了上海、广州、深圳等 200 多个城市。在过去的三年里，顺丰同城急送的年复合增长率超过了 100%。

这份傲人的成绩单让王卫感到欣慰，因此才会把他异常重视的这块业务拆分出来，作为独立的品牌去发展。"但是，独立运营不意味着脱离。"顺丰集团首席战略官、顺丰同城董事长陈飞表示，独立运营的顺丰同城仍然是公司业务板块中至关重要的一部分。

关于"独立"，孙海金也有自己的看法，在他看来，独立首先包含三个层面的含义：第一是有合法独立的法人；第二是品牌的建立；第三是整个团队的准备工作。孙海金说，在公司宣布独立运营之前，关于这方面的工作就已经在孵化中了，一切都是水到渠成的。

除了成绩引人注目的顺丰同城，王卫多年来始终关注的供应链建设也在这个时候带来了喜人的成绩。原本，供应链业务市场就大有可为，如今在工业转型和产业集成度的提升下，制造业、实体经济等将越来越依赖快递行业，二者的融合度也会越来越高。顺丰在这个关键时刻深度介入供应链市场的运营，势必会迎来一个好结果。据统计，2019 年 8 月，顺丰的供应链业务规模已经达到了 4.95 亿元，同比增加 468.97%，环比增加 7.84%。

一方面是核心业务中业务量的稳步攀升，另一方面是新的业务板块的华丽创收，王卫终于守得云开见月明，迎来了顺丰的又一个春天。这一年，那个在顺德创办快递公司的年轻小伙子已近知天命之年，心态更加成熟沉稳。因此，扩张转型后首次扭转局面的战绩依然不会让王卫欣喜中止步驻足，一向提倡借助科技力量助力企业腾飞的他在这个时候再一次将目光锁定在科技研发上。

作为行业龙头企业，多年来，顺丰在科技上的投入始终是非常大的。王卫也曾多次表示，"科技是我们的信仰""顺丰主要的竞争对手是谷歌这样的科技企业"。在这种科技自觉的影响下，顺丰也在全力壮大科技研发人员的队伍，2017 年，研发人员已经达到了 2800 人，这些人将主要精力集中在物流无人机、智慧设备、智慧服务、智慧决策、车联网[1]等领域发力。

在车联网的风口吹到快递业的时候，王卫又做了"第一个吃螃蟹的人"，顺丰车联网主要是为顺丰自营车辆以及为顺丰服务的车辆提供服务的，同时兼容市场上的所有货车。而这项工作也是王卫早就布局好的，早在 2014 年，顺丰就已经投入了 714 台智能车载终端，并于 2015 年 6 月起正式在国内 5 个地区进行第一期项目试点。

如今，顺丰继续加大在科技方面的投入，2018 年，投入资金已经高达 27.23 亿元，其中研发投入 21.56 亿元，研发人员数目更是一路飙升到 5754 人，已经是 2017 年研发人员数目的一倍。新一年，顺丰研发的重点投入方向转变到了大数据、人工智能、精准地图服务平台、无

---

[1] 车联网：车辆上的车载设备通过无线通信技术，对信息网络平台中的所有车辆动态信息进行有效利用，在车辆运行中提供不同的功能服务。

人化及自动化操作、智能硬件等。

王卫对科研的重视，主要是力图通过提升研发水平，降低业务环节的成本，并借助科技的力量拓展更多的业务板块，以此优化战略部署，匹配战略目标，提升企业战略能力。

在2019年MWC世界移动通信大会上，顺丰为客户展示了其在移动通信领域的解决方案，这也是顺丰首次在世界面前高调展示自己。据统计，近5年来，顺丰累计申请了361项科研专利，成功发布了358项，这个数据意味着顺丰在国内快递行业中仍然稳坐头把交椅，依然处于绝对的领先地位。

二十余载风雨兼程，王卫一心陪伴着顺丰成长，如今，这家经历了风雨也一路收获颇丰的民营企业终于迎来了低谷后的反转，再次回到了"国内民营快递一哥"的位置，这一切都和王卫的冷静防守、主动进攻分不开。上市以后，伴随着顺丰和王卫新的责任与身份的转换，一个企业的新纪元也就此拉开了序幕，退居幕后的王卫将顺丰的明天留给了数十万陪着自己一路走来的顺丰人。

第十一章

凝心聚力：企业文化魅力

　　随着社会的发展，越来越多的企业开始注重文化建设。作为一个企业的灵魂和精神向导，企业文化不仅涵盖了物质文化、行为文化、制度文化和精神文化，更是企业的外在表现和内在精神。顺丰多年来始终把企业文化建设放在至关重要的位置，这也成为王卫提高员工凝聚力的法宝之一。

以人为本的文化自信

近年来，企业文化建设越来越受到企业界的关注和重视，并在很大程度上规范着员工们的行为和思想，健康的企业文化更是一个企业得以常青的关键，是其内在动力的来源。

在人员流动速度越来越快的今天，稳定、自信的企业文化能够在新老员工的交替轮换中延续并保持核心价值观的传承与深化，如果说一家企业是一个正常运转的机体，企业文化就是其血脉，是活力和生命力。

随着经济的飞速发展和人民生活水平的提高，企业文化也逐渐成为消费者愈发熟知的概念，很多知名企业的文化特色几乎成了它的招牌和广告。这是良好口碑的外在体现，也是一个企业持续进步的内因。

出生在高知家庭的王卫一向以儒雅著称，家庭的教育和文化熏陶让他在创业的道路上也时刻谨记着企业文化的建设和完善。在王卫眼中，企业和人是一样的，作为一个独立发展、不断进步的个体，无论是人还是企业，都要心怀理想，勇于追求，树立属于自己的一套完整的价值观。有了文化支撑，无论是个人还是企业，都将获得自信，有了自信和底气，才能发展得更快、更好。

王卫曾经在谈到企业文化时说过："赚钱是为了公司的持续发展，为员工提供更好的发展平台，同时养活一些员工的家庭。当温饱不成问题时，我们就要思考人活着的意义是什么。"

作为民营企业的顺丰，无论做任何事都要对得起自己的良心，对自己有个交代。在他看来，这一辈子做的最有意义、最正确的一件事就是让顺丰成了一家有良知、负责任的民营企业。王卫也希望若干年后，顺丰能够成为民营企业的一个成功案例。他曾说：

> 我们是一群坚信诚信价值观的顺丰人，我们不为短期利益出卖自己，我们是能够干成大事的。当我的人生走到终点，这将是我自己最大的满足。

为了建设好顺丰的企业文化，王卫从多方面着手，力图方方面面体现顺丰先进、人性化的价值观。其中最核心的一点就是"以人为本"。无论是客户还是员工，人是构成一个社会最基本的单元，也是一个企业甚至一个国家最微小也最积极的影响因素，因此，想要让企业充满活力，让客户对企业服务感到真正满意，就要一切从人出发。

关于这一点，王卫说："优秀的企业文化总是贯彻以人为本的原则，最大限度满足人的需求，促进人的发展。这就是企业文化的魅力所在，它是能引导员工自觉维护企业精神和信仰的制度与流程，让员工主动自觉地为客户服务。企业员工越多，对企业文化建设的要求就越高。如果我们在企业文化建设上不能有更大的突破，我们的企业愿景、使命和信仰不能赢得员工的一致认可，并最终落实到日常工作中，那么，顺丰的发展就将会受到更多的掣肘。"

2010年6月，在顺丰的内刊上，王卫曾发表了一篇千余字的署名文章，文章标题是《坚持以人为本的管理》。在文章中，王卫提到，管理要因人而变，"17年来，许多60、70后的同事伴随公司一路走到现在，为公司做了很多的贡献，接下来，我们将看到越来越多的80后甚至90后走上工作岗位，成为我们的接班人。我们会明显地感受到，不同年龄的就业群体对工作本身的认识和个人追求是有很大差异的，这对公司的管理提出了一个挑战，我们所努力要做的，不仅仅是不断调整管理思路，最大限度地满足员工需求，还要真正将这些行动方案落实到位。"

面对新生代员工的涌入，王卫还提出，顺丰要尽量在企业内部先做到"沟通无障碍"。日常生活也好，工作也罢，沟通是推进的前提，完善的沟通机制将为企业的很多问题带来更快、更好的解决方案。顺丰以人为本的管理理念也将在这个基础上，科学地完成价值观的落地，让最好的员工在顺丰得到最快的成长。

王卫始终相信，优秀的企业文化，其魅力不在"管理"，而在于"吸引"和"凝聚"。好的企业文化不仅能够影响甚至改变员工的精神面貌和思维模式，还能在最大程度上激发起员工的服务和工作热情，当企业中每一个微小的单位都充满活力地跳跃起来，这个企业也将充满力量，焕发出无限的生机。

顺丰是国内民营快递的标杆企业，在国内外都享有盛誉。进入到21世纪以后，企业的文化和工作氛围也越来越受到各界的关注，随着员工自我意识的崛起，企业给予员工的尊重和安全感越多，员工的幸福感就越高，工作氛围也就越好。良好的工作氛围不仅能向内发挥凝心聚力的作用，也能反向地从外部吸引更多的人才加入到顺丰这个大家庭中。内外因共同发力，才能让顺丰与时俱进，充满影响力。

为了打造一流的企业文化，让顺丰人都为顺丰感到自信，王卫始终在关心员工、关注客户两方面下苦功，希望吸引、塑造更多、更好的"SFer"，为更广大的客户群体带去顺丰一流的服务。这是王卫的理想，也是顺丰作为一个一流企业的至高境界。

革故鼎新，重塑核心价值观

"不推诿客户，不拘泥守旧，不妥协恶行。"在 2015 年央视的《与全世界做生意》系列纪录片中，顺丰总部的老挝员工大海坐在自己的工位上，正在用笨拙的普通话向记者读这几句话，这几句话被大海用粉色的 A4 纸打印出来贴在了自己的工位前。

当时，"尊重、团结、认真、奉献"是几年前顺丰的旧版核心价值观。忙忙碌碌的总部大楼里，人们匆忙的脚步和办公桌上成摞的文件，电脑屏幕上不断闪动的数字，无一不是这八个字的鲜活写照。顺丰的企业文化也始终对每一个员工发挥着不同的影响，甚至已经渗透了他们工作的方方面面。

随着企业文化的不断渗透，顺丰的核心价值观已经成了全体顺丰人不变的共同信念，在 2016 年以前，顺丰的核心价值观被归纳为这样四点：

1. 做一个诚信、正直的人；

2. 永远尊重人，信赖团队的力量；

3. 客户对我们来说是最重要的，奉献最好的服务；

4. 做事认真，勇于承担责任。

短短四句话，不仅是一个企业的灵魂所在，更是搭建企业核心竞争力和宏观架构的稳定支撑，它代表着一个优秀企业的精神面貌和行业认知。

多年来，顺丰人也始终围绕着"尊重、团结、认真、奉献"这八个字身体力行地做好本职工作，为促进企业发展、推动行业建设贡献着自己的力量。2016年，一向与时俱进的王卫针对物流行业新的发展变化以及国家的经济政策调整，重新梳理了顺丰的发展历程，并对顺丰的价值观做出了新的调整和诠释。在一次题为《顺丰价值观，需要我们每个人来践行》的讲话中，王卫分三个方面对新的顺丰企业文化做了详细的注解。

在这段讲话中，王卫鲜明地指出：第一，顺丰的新版价值观更加强调创造价值。曾经，旧版价值观强调的是"尊重、团结、认真和奉献"，但是在今天这个时代，人们更加看重的是价值。

第二，在价值观的践行上，管理者也要以身作则。多年来，诚信作为基本准则，既是顺丰人共同的价值观，也是绝不可触碰的底线。多年来，顺丰始终在优化自身的规章制度，为的就是尽可能最大化地解决员工不诚信的问题。

除了管理制度的优化，高管层面的以身作则也不容忽视。首先，管理者其身要正，要严格按照公司的价值观要求去践行；其次，管理者要有意识地带动团队氛围，以言传身教的方式来感染并带动更多员工。

王卫说，工作中经常有高管向自己的低调和谦和表示钦佩，然而也正是这些人，在对待外部供应商或下属时却摆着很大的架子。他认为，身为公司高管，对内，无论是普通员工还是管理层，对外，无论对方是大公司还是小公司，都要做到一视同仁，充分地尊重别人。一方面，无论面对的公司是大还是小，顺丰人都应该做到不卑不亢；另一方面，一个成功的管理者对待员工和上级的态度不应该有所差别。与此同时，遇到错的问题，面对员工要及时指正，面对上司、老板也应该直言不讳。

第三，顺丰人要提高自我修养，共创和谐的文化氛围。针对顺丰现在存在的问题，王卫提出要加强企业员工培训，并在招聘过程中严格把关。除此之外，员工的自身综合素质也很重要，它包括一个人基本的文明素养，以小见大，如果一个人连基本的素养都没有，是没办法在与人相处的过程中做到换位思考的，更谈不上顾虑别人的感受。

人一旦过于自私，是做不了大事的，就算做大了，也很难长久。"任何时候，我们都要学会自我修行，这样，'自我'两个字在自己的头脑中就会慢慢减少。当大家头脑里的'自我'二字都减少了，这个地方就是'天堂'；而当大家都把'自我'二字看得很重时，这个地方就是'地狱'。"

坚守底线，绝不推诿

在顺丰的旧版价值观中，有这样一句话叫作"不推诿客户"，在新版价值观中，"成就客户"依然体现了王卫始终把客户放在首位的理念。而在和客户打交道的过程中，除了在好评中不断提升，更重要的是在质疑声中坚守底线，勇于承担。顺丰发展多年，虽然业绩和企业规模都在不断壮大，但也并非一帆风顺，一片好评。任何一个企业都会面临危机事件的发生，但难能可贵的是其对危机事件的处理能力和端正的态度。

2017年6月14日，王卫在微信朋友圈公开回应了"顺丰大当家"与生鲜电商"宜昌梦橙橙"的争议。事情的起因是，2017年5月，顺丰与"宜昌梦橙橙"签订了服务协议，负责承接该公司的樱桃寄递需求。然而，6月1日，却被发现在樱桃发货环节，有顺丰员工私自于外包装张贴商流信息。这件事引起了合作方的极度不满，这种抢客户的方式也让很多人对顺丰的做法提出了质疑。

6月13日晚，顺丰速运大连区区总侯爱鸣率先发声，向"宜昌梦橙橙"创始人邓健做出了公开的道歉回应。侯爱鸣在致歉信中对辖区内发生的员工法律意识淡薄、在外包装私自张贴商流信息二维码的行为表示了真诚的歉意，并承认自己负有失察和管理疏忽的责任。

为了更好地解决问题，侯爱鸣第一时间组织人员自查，并对已核实的所有印刷贴纸进行全部销毁。对于合作方的损失，顺丰希望对方能实事求是地提供相关依据，并第一时间安排专人与对方联系协商解决方案。与此同时，大连公司也将严肃处理相关负责人，侯爱鸣本人也会将该情况上报总部并承担责任。

关于合作方反馈的大连区强制要求客户使用公司包装一事，经核实，为了保证樱桃寄递品质，顺丰专门定制了一批樱桃纸箱，一方面可帮助客户解决樱桃专业包装难题；另一方面可以在运输过程中提前识别、优先处理，提高樱桃寄递效率。并且，该定制纸箱完全由客户自愿选择，通常在客户提供的樱桃外包装无法满足寄递条件的情况下，工作人员会建议客户使用顺丰提供的樱桃专用包装。

这件事发生时正是顺丰上市不久，为了给客户一个满意的答复，也避免企业声誉受损，创始人王卫于14日中午在微信朋友圈内公开回应了这件事：

> 对不起！近期突然多了很多指控性言论，我王卫虚心接受批评，是我在内部管理上不够完善，衷心致歉！在这里，我表明一下我的态度：顺丰的业务在推广，"大当家"只是个别地区所为，公司从来都不允许在任何包裹上张贴广告，这次张贴的广告与同类型的产品相撞，更加违反公司规定！另外，客户数据全程集中总部管理和使用，数据使用有严格的审批流程，我们绝没有将客户的讯息转给"大当家"使用！对于此次个别事件，顺丰深表歉意！同时保证这类事件不会再出现！

王卫和大连区区总的正面回应虽然无法改变顺丰员工私自张贴商流信息的事实，但是这种积极面对问题、积极帮助客户挽回损失并诚心致歉的态度，着实彰显了一个成熟企业该有的基本从业底线。

在积极应对危机事件、虚心接受外界批评这方面，王卫始终表现得非常好。尤其是在经济发达的今天，一个企业的底线往往也是一个企业的生死线。经商多年的王卫深知这一点，因此顺丰多年来不仅在企业担当上表现得令人满意，在诚信和道德修为上也格外突出。

在进入 21 世纪这个新的时代，哪家企业的诚信度更高，哪家企业就会赢得更多的好评和客户。因此在这一点上，王卫的要求也是非常苛刻的。在顺丰，王卫每年最重视的一项数据就是客户满意度，这就像一张晴雨表，最直接、最客观地反映着客户对顺丰的认可和满意度。因此，客户满意度数据的真实性一直备受重视，如果数据和王卫了解到的实际情况不符，他当然不会掩耳盗铃、自欺欺人。

在一次公司内部大会上，王卫专门针对该数据的客观真实性做了一次语重心长的讲话。当时从数据层面来看，顺丰的表现无论是月度还是年度都十分亮眼，但在王卫看来，顺丰的服务质量却在下降。公司内部的报表、数据出现的个别造假情况让他无法忍受，他对当年的客户满意度调查数据提出了质疑：

> 首先我认为，从客户那里获取的声音必须及时、真实、准确，不然的话，我们就不知道客户的真实需求或遇到的实际问题，改善服务也就无从谈起。另外，如果连客户的声音我们都不清楚的话，我们就不能推出更优质或者是附加值更高的新产品、新服务，进而会影响到整个公司战略目标的达成。

王卫所看到的问题其实在各大企业也都不同程度地存在，所有人都喜欢看好看的数字，但是这些好看的数字却反映不了真实的情况，它的存在也就变得没有意义。

在这次讲话中，王卫实事求是地表示，顺丰不需要自欺欺人，更不能进行自我麻醉。真实的口碑来自好的服务。顺丰从成立到现在，业务推广靠的就是口碑，客户的口口相传是最有影响力的销售模式。

顺丰的公益之路

任何一家成功的企业，都不仅仅是在创收上发力，更重要的是在国家重大事件中，表现出应有的姿态，一个不忘社会责任的企业才会赢得市场和客户的尊重，才能走得更远。

在 2003 年那场肆虐全国的"非典"疫情中，顺丰所做的"大动作"不仅是和扬子江快运签订协议，很多人不知道的是，心系国家的王卫还十分低调地捐赠了 200 万元，用于疾病的防治。

也是从那时开始，王卫带领顺丰走上了一条热心公益的道路。2009年，为了全力打造公益项目，规范公益行为，顺丰还在广东省设立了顺丰慈善基金会，专注于落实顺丰的公益项目，并从此进入了一个全新的规范化公益时期。

2013 年，顺丰又在民政部注册成立了公益基金会，作为国内首屈一指的快递企业，顺丰对公益的热心和专注有目共睹。王卫深知，顺丰的成功靠的是客户的支持，因此，不忘回报社会是他的初心。

回顾顺丰的公益之路，足迹几乎遍布了全国的每一个角落，公益类型也涵盖了几乎每一个领域。无论是对失依儿童的奖教助学，还是自然灾害面前的赈灾救助，无论是扶贫济困还是对员工的关爱，顺丰公益都是名副其实的。

2010 年，顺丰慈善基金会在四川凉山开办了第一个顺丰爱心班，帮助 50 名凉山失依儿童重返课堂，这些孩子的学费和在校期间的生活费用将全部由顺丰慈善基金会承担。从 2010 年至 2012 年，短短两年的时间内，顺丰慈善基金会又先后开设了四个爱心班，受助儿童从 50 人变成了 210 人。

2013 年 10 月 25 日，"爱眷梁山"公益行动正式启动，顺丰慈善基金会在四川省凉山彝族自治州开设了美姑顺丰女子初中班和昭觉四开顺丰爱心班，为 100 名失依儿童和贫困家庭的儿童送去关爱，解决了孩子们基本的生活所需和学习费用问题。

其实早在 2008 年汶川地震后，顺丰已经开始了对受灾地区部分儿童的助学助养计划。2013 年，王卫又将这份助学助养的爱心传到了吉林，那一年，由顺丰慈善基金会设立的资助贫困学生的公益项目——顺丰莲花助学项目顺利落地。10 月 19 日，在吉林省白城市，顺丰慈善基金会和 78 名贫困学生签订了助学协议。

如今，这些受到顺丰资助的孩子们已经长大，但是顺丰的助学计划仍未停止。所谓"少年强，则国强"，在顺丰的助学公益计划帮助下，这些得到了宝贵求学机会的孩子们，将会以更加优异的成绩回报家乡和社会。

除了对失依儿童的帮扶，在自然灾害面前，顺丰也始终走在公益道路的前沿。2008 年，汶川地震，顺丰第一时间向灾区捐款 1000 万元，并提供了可供 3500 人使用的救灾帐篷，助养了灾区 44 名孤儿。2010 年 4 月 14 日，青海玉树发生了 7.1 级强震，顺丰速运立刻派出专机协助抗震救灾物资的运输，那也是顺丰航空成立以来首次承运超重、超大特种货物飞行高原航线。4 月 16 日早 7:30，由南方电网、南方电监局筹集的 40 台发电机抵达了顺丰航空深圳基地，其中单台发电机的最大重量超过了 800 千克，为了尽快将这批特殊物资运输到灾区，支援抗震救灾工作，顺丰机队挺身而出，于当日上午 11:40 准时完成了总重量达 26 吨特种货物的打板和装机工作。当天 14:25，从深圳宝安机场起飞的 CSS6885 次航班顺利抵达西宁机场。

在这次物资运输的支援中，顺丰的敢担当、硬实力再一次在社会各界赢得了好评，也在快递和民航业业内树立了良好的典范。

但是在做公益的过程中，即便竭尽所能，也仍然无法避免误会和不可控的突发事件的发生。2013 年芦山地震期间，热心公益的顺丰就被推上了舆论的风口。2013 年 4 月 21 日，一则"四川雅安震区救援物资免费寄送服务"的公告出现在顺丰速运的官网上，为了尽全力驰援灾区，顺丰承诺自 4 月 21 日起，将在中国内地、港澳地区提供免费寄送物品的服务。免费寄送物品包括救援设备和急救药品、食品（饮用水和速食品等）和生活用品（包括帐篷、衣物、被褥等）。顺丰的这个公告赢得了社会的广泛好评。

然而，赞扬声还没过去，质疑就接踵而至——顺丰速运被爆拦截芦山爱心物资。爱心人士通过顺丰速运寄给民间救援队的物资没能正常抵达收货方手里，而是显示被顺丰速运慈善基金会代为签收。为此，壹基金救援联盟合作救援队"V 救援"、壹基金代表曾多次与顺丰速运交涉，交涉过程中还传出顺丰高管提出"私了"。"V 救援"队长为了给公众和爱心人士一个交代，也为了给顺丰施加压力，无奈之下选择在微博上公开了整件事的发生过程和交涉细节。

此消息瞬间在网络上传开了，人们的目光全都聚焦在顺丰身上，从最初的褒扬和赞赏到现在的质疑和唏嘘，处于舆论风口浪尖的顺丰显得有些被动。涉及国难，这则消息在当时引起了全民公愤。

为了尽快查明事实，顺丰速运公关部负责人陈欢在接受媒体采访时首次代表顺丰做出了正面回应，陈欢表示，这只是个别员工的工作失误，当时救灾物资的寄递数量远远超过了顺丰的荷载能力，因此难免在分派过程中忙中出错。对于媒体上疯传的"顺丰高管提出私了"一事，陈欢表示也是媒体和大众的误读，顺丰只是诚心诚意地希望追回救灾物资，也希望尽全力补偿因顺丰的工作失误给"V 救援"带来的损失，并非外界所传的"私了"。

经过一段时间的沟通和交涉，4 月 29 日下午，"V 救援"再次发布微博，表示了对顺丰工作压力和强度的理解，也向顺丰的免费寄送物资计划表示感谢，希望双方都能够通过尊重事实、解决问题的态度消除彼此的误会和火气。

事情就这样慢慢平息了下去，虽然这一次，顺丰没有做到尽善尽美，但初衷是好的。这件事发生以后，王卫并没有因此在公益之路上驻足，而是接受了这场关于诚信和实力的考验，并一点一滴地重塑客户对顺丰的信任与好感。

2012 年 7 月 22 日，一场多年不遇的特大暴雨一夜之间将北京变成了一片泽国，受灾最严重的房山区损失惨重。刚刚摆脱舆论压力的顺丰再一次自告奋勇，迅速于 23 日晚成立临时"支援房山"救援小组，并连夜策划公益援助活动。300 箱水、300 箱方便面、1200 盒药物被紧急送到了房山区北车营村的 263 户 1050 名居民手中。为了更好地支援灾区的救灾工作，顺丰公益基金会还召开了紧急会议，面向公司内部全体在京员工征集救灾志愿者。24 日上午，一支由 27 名顺丰员工组成的志愿者队伍整装待发。历经两个小时的车程，志愿者顺利抵达北车营村临时安置点，并将救灾物资送到了居民家中。

王卫对公益事业的专注和真诚，也感染着顺丰的员工。2013 年 11月 6 日上午，31 岁的顺丰员工白桦刚刚在深圳市第二医院血液内科病房捐献了造血干细胞，被捐献者是一位 20 岁出头、身患白血病的女孩。至此，白桦已经是顺丰速递第二个成功捐献了造血干细胞的快递员了。在白桦之前，同事戴兴旺已经捐献过造血干细胞，在他之后，顺丰员工王少林也将进行捐献。

对于员工的爱心之举，顺丰也鼎力支持，不仅给白桦批了半个月的假，还确保休假期间正常发放工资，免去了白桦住院期间的后顾之忧。

作为一家民营企业，顺丰对公益事业的贡献是有目共睹的，王卫不仅打造了一个中国快递行业的神话，也打造了一家极具社会责任感的企业，这是一种担当和责任，也是一个企业对国家和客户的感恩与挂念。

第十二章

毕生心血：王者退居幕后

在 2020 年 10 月 20 日公布的《2020 胡润百富榜》中，王卫以 2400 亿元人民币位列富豪榜第 4 位。但当时的他已经不再担任顺丰总裁，退居幕后的王卫也因此变得更加低调，而自己一手打造的顺丰却扎扎实实地在国内快递行业中站稳了脚跟，越走越远。回想 1993 年的那个春天，这个在广东沿海逐梦而行的快递公司老板还只是个二十出头的毛头小伙子，时光荏苒，二十多个春秋走过，如今的顺丰也成了快递市场上意气风发、干劲十足的中坚力量。这是王卫梦想的起点，也是他毕生的心血。

荣誉加身的速度之王

作为诸多荣誉加身的中国快递龙头企业，在二十多年的发展历程中，顺丰获得的荣誉数不胜数。荣誉背后，不仅离不开王卫谨慎的布局和大胆的尝试，也离不开顺丰人无数个日夜的辛苦付出。自1993年在顺德成立，到1996年将网点一步步扩大到广东省以外的地区，自1997年顺丰在深圳成立总部，到2004年为了最大化开发市场而成立市场部。顺丰走过的路是十分扎实的。市场部成立三年后，顺丰集团以突出的市场表现先后被评选为深圳市重点物流企业、深圳市民营领军骨干企业，并荣获《深圳商报》与深圳市物流与采购联合会等联合颁发的"最具竞争力品牌奖"。

顺丰的崛起之快速、业务范围之广泛，在当时并没有引起很大的轰动和注意。由于传播媒体的局限，加上王卫从不为顺丰打广告，因此，这家"闷声干大事儿"的民营企业一度非常神秘。业内人士也纷纷表示很难看清顺丰的真实面目。有人说顺丰是"老鼠会"，也有人说顺丰是个不容小觑的对手。

直到2003年，顺丰开创了国内民营快递运输手段的先河，人们才开始关注这家从背包客起家的速运公司。那一年，王卫在逆势中看到了新的时机，使顺丰顺利实现了"从陆地到蓝天"的飞跃。第二年，这家尚不被广为人知的企业的营业额达到了13亿元，而那年的王卫只有34岁。

一时间，人们的目光第一次聚焦到这家来自广东的速运公司上，据传，当时一位拥有政府背景的资深人士曾经这样评价顺丰："别看它从来不打牌子，申通、宅急送都不是它的对手。"不过，这话说完没多久，"不打牌子"的顺丰就迅速让全国消费者熟知了它。2008 年，顺丰集团正式启用了品牌新视觉形象。从那以后，带有"SF"logo 标识的顺丰车、顺丰员工工服就以铺天盖地之势出现在全国各个角落，顺丰知名度大幅提升。

同年，作为广东当地企业，顺丰被广东邮政局授予"2008 年省邮政业统计工作先进集体"荣誉称号，被中国物流与采购联合会授予"中国物流改革开放 30 年旗帜企业"称号。在王卫的不懈努力和顺丰员工的勤谨肯干中，顺丰被赋予了越来越多的荣誉。

2010 年，顺丰成为国内首个荣膺美国《读者文摘》"信誉品牌"金奖的民营快递企业，也是在那个时候，顺丰正式走出了国门，将业务范围扩展到韩国、新加坡等地。王卫也从此成为国内最神秘的富豪。业务范围的扩展给顺丰的国际化之路带来了巨大的希望和空间，科技力量的支持以及对新技术手段的重视与运用也成功地为顺丰的国际化道路提供了强有力的支撑。

当然，国际化道路打开的同时，外企进入中国市场也给顺丰和其他几家民营企业带来了不小的挑战。面对激烈的行业竞争，王卫没有采取非常手段或恶性竞争，而是用过硬的业务素养和企业实力应对了这些大大小小的摩擦，也正是因为这种对规则的坚守，顺丰始终是一个有口皆碑的企业。

王卫不仅坚守规则，而且有着粤商行事低调、为人温和的风骨，在仅有的几次视频采访中，他的每一次露面都是面带微笑的，对于记者的提问也都做到认真聆听，知无不言、言无不尽。这样一个亲和力十足且不喜张扬的企业领头人，给很多人留下了非常好的印象。

回顾中国民营快递发展史，王卫遵守规则的工作态度也让顺丰走得更加顺利和扎实。在民营快递取得合法营业资格以前，根据国家邮政部门的相关规定，中国邮政曾经对民营快递公司的非法货件开出了一张张毫不留情的罚单。对很多民营企业来说，那是个一边接快递单一边接罚单的时代。面对巨额罚款，有人选择退出行业，有人选择抱怨硬抗。只有王卫，以缴纳罚款和沉默来应对这一切，罚款交完，顺丰该怎么规划依然怎么规划，他似乎丝毫不受影响，也从未表达过不满的情绪。

了解王卫的人说："王卫是个懂得吃亏的人。"这话现在看来颇为真实，我国古训常讲"吃亏是福"，但真正回归到生活，谁又愿意吃亏呢？可是身为顺丰总裁的他却做到了这一点。之所以选择沉默和接受，一是因为已经开具的罚单符合国家当时的相关规定，无法改变和抗拒；二是因为王卫还有更重要的事要做，没有时间花费在抱怨上面。

就这样，顺丰默默的坚守使他和其他几家存活下来的企业一起迎来了民营快递合法化的那一天。从那以后，各大公司纷纷挣脱枷锁，试图在这个明朗的新环境中大展身手。然而进入 21 世纪，世界变化得非常快，行业内的硝烟还在弥漫，电商领军人们就成了新时期新的竞争局势下的"搅局者"。菜鸟网络和京东物流的成立让这盘棋变得错综复杂，也瞬间失去了套路，各家掌门人更是观棋不语又举棋不定。

唯独魄力十足的王卫在这个时候做了个很勇敢的决定——杀入电商内部。这种尝试是大胆且冒险的，事实证明了行业高墙对外来者的不友好，同样，对于想要插手物流业的电商领袖们来说，这场仗双方都不好打。

为了尽快走出迷雾，懂得及时止损的王卫开始调整战略，转而在冷链、重货区发力，并开始接纳资本的进入，为上市做准备。上市以后的顺丰曾经有过昙花一现的辉煌，但是很快就进入了瓶颈期，那也是王卫在卸任总裁以前，二十多年来最后一次陪顺丰走出低谷。

似乎就是倏忽之间，跟随着国家政策和世界经济格局的变化，顺丰从一个步履蹒跚的孩子，一点点长成了今天这个意气风发的青年。而当年也曾年轻的掌门人此时已年近半百。也许王卫自己也没有意识到时间流逝是如此迅速，当年的"六人组"如今已经是坐拥深圳几栋办公大楼的龙头企业，再也没有人敢说顺丰是"老鼠会"，再也不会有人预测是否有新的公司能将顺丰打败。

在过去不久的 2020 年"双 11"购物狂欢节这天，全国各地很多消费者收到了一份比外卖配送时间还短的顺丰快递。通过顺丰公布的信息可以看到，最快的一单是在客户付款后 14 分钟送达的。

这个速度再次刷新了中国民营快递的派送时效记录，而这次新的尝试被顺丰称之为"极效前置"。简言之，根据"双 11"的购物规则，部分商品需要消费者优先支付订金，随后再支付尾款，为了尽快将货物送到客户手中，同时缓解快递包裹数量的逐年递增所带来的派送压力，顺丰借助多年来积累的大数据预测及统计能力，以及覆盖全国的庞大的服务网络，采取了业务分流的方式。提前将商家的预售商品发往距离消费者最近的前置场。这些被整齐码放在前置场专用存货区的货物将在客户完成尾款支付的同时，将信息回传到顺丰服务器中，并第一时间同步到快递员的手持终端上，仓管员将以此为"发令枪"，精准出仓，由快递小哥直接派送。

这个曾经让人想都不敢想的极速时效恰恰建立在王卫二十几年的精细布局基础上，得益于顺丰强大的数据系统、网络覆盖率以及垂直管理的人力平台。当快递速度已经赶超外卖速度的时候，顺丰正在给这个时代带来新的惊喜和传奇。

永不屈服的力量

低调寡言的王卫有一副"硬骨头"，这是企业界都有所耳闻的。在顺丰成立的这些年里，"不屈服的力量"是王卫做企业的过程中坚守的底线。面对摩擦，这个沉默如雷的领导者让人看到的是更加硬气和坚决的一面。在这些大大小小的摩擦中，最为轰动也最广为人知的一次是顺丰和菜鸟网络的正面叫板。

当时，这场惊动了国家邮政局的巨头之争一度上了微博热搜和新闻头条，马云在 2017 年的网商大会上曾经毫不避讳地谈及此事，表示摩擦是正常的。而低调神秘的王卫却始终没有发声，但顺丰的官方微博发言间接表明了他决不让步的态度。

古语常说"打江山容易，守江山难"。无论是阿里巴巴还是顺丰，能够坐到行业头把交椅的位置上，就都见惯了摩擦和争夺，如今"身居高位"，为了这片艰难中打下的江山，怎可轻易让步？

尤其是对于身经百战的王卫来说，这已经不是顺丰第一次面对"江山不稳"的威胁了。早在 20 世纪 90 年代，因加盟制的弊端和公司管理不善，王卫就曾经面临着被人扼住咽喉的危机，为了避免大权旁落，王卫十分坚决地打响了收权行动的第一枪，顺丰也自此成为最强硬的收权企业。为了能拥有一个不受人辖制的未来，当时还不到 30 岁的王卫成了最霸气却也最危险的 CEO，加盟商的反抗甚至追杀曾经给他的生活带来不小的困扰，也是从那时起，王卫的身边多了保镖的身影。

时隔多年，一场被摆在明面上的摩擦引起了人们的好奇，两大行业巨擘的较量到底会如何收场？这成了很多看客关心的话题。表面上，这是一次企业与企业之间的小摩擦，但对顺丰来说，这场摩擦的本质就是"无底线染指快递公司核心技术"的行为，是在触碰王卫的红线。因此，直到国家邮政总局出面干涉，这场摩擦才算平息。

在顺丰扩张经营的这些年，类似的例子数不胜数。早在 2008 年，王卫就曾经在一次内部讲话中表明了顺丰面对竞争的态度。当时全球经济危机爆发，物流业在这次危机中也表现得十分低迷。几家在中国开辟了市场的国际快递巨头也在这时步步紧逼，甚至为了摆脱自身的困境不惜以价格打压竞争对手，那一年，很多快递公司消失在人们的视野中，留下的是在这场残酷的竞争中依然坚守阵地的几家老牌企业，其中就包括顺丰。

面对严峻的经济发展形势和行业竞争的内忧外患，王卫曾霸气发言："三年后，顺丰是不是能成为中国民族快递业的骄傲，我们能不能打赢这场与国外对手的保卫战，也许都不重要了。因为，我们要让大家看到的是：在中国的速递行业中，曾经有这样一批人，手牵手、心连心，一起努力过；曾经有一家叫顺丰的民营企业，能从心底让对手感到可怕更可敬！人可以输，但不能输掉尊严！死随时都可以，但要死得有价值！——战死，好过做俘虏。我们的团队需要这种视死如归的军人气质。"

那一年，他曾做好了顺丰可能会成为一段短暂历史的准备，如果那一天真的来临，在中国民营快递史上，这也将是浓墨重彩的一笔。但皇天不负苦心人，最终，这个有勇有谋的 CEO 抱着视死如归的决心，再一次带领顺丰绝地重生。

2008 年，顺丰熬过了经济危机的低迷期，甚至在自身难保的艰难境地中向远在祖国西南的灾区伸出了援手，在那个不寻常的夏天，对物资运送的鼎力相助，以及对失孤儿童的助学计划，都让顺丰在公益路上又向前迈了一大步。也是在那一年，因经济不景气，大学生就业困难，顺丰首次面向社会招收了大批高学历人才。

事实证明，坚韧、勇敢的领头人会创造出一个更加有耐力也更有储备力量的企业，2008 年以后，绝处逢生的顺丰拥有了一大批高学历人才，这些人才的注入是帮助顺丰向更高处进发的助推剂。善于在危机中寻找生机的王卫又一次给同行带去了巨大的压力。

顺丰创业二十余载，经历了无数次竞争与摩擦，狭路相逢时，王卫只有一个选择，那就是横刀立马，勇猛出击。很多成功企业的 CEO 都曾说过，做企业犹如做人。生活中，每一个人都是一个个体，为了实现自身价值，拥有自己想要的生活，每个人都可能和其他人发生摩擦，有利益冲突时更是竞争不断。如果一味退缩、忍让，最后的结果就是底线不断被降低，自我也在这个过程中逐渐迷失。做企业更是如此，在残酷也并不完全遵守游戏规则的环境里，退缩和妥协都将给企业未来埋下隐患，王卫虽然不喜欢抛头露面，但这和他刚毅、不屈服的一面并不冲突。也恰恰是这种隐身于世的性格，才给了他更多的时间和更多的精力专注在自己的事业上，使其不为外界的纷乱所烦扰，必要时才会把刚硬如铁的一面拿出来，应对这个时代层出不穷的变化。

脚踏实地，仰望星空

顺丰能有今天的成就，不光是因为王卫自己有理想，更重要的是在逐梦路上，无论是王卫还是顺丰员工，都始终以脚踏实地的态度去争取自身的生存空间。

在我国民营快递业的发展史上，最艰难的一段时光就是在民营快递合法化之前，各大公司在中国广袤的市场展开了一场异常激烈的势力划分争夺战。当时，无论是创办于上海的申通快递，还是在北京诞生的宅急送，包括王卫在广东顺德创办的顺丰，都面临着不断涌现的新对手和变幻莫测的竞争局势。

那是王卫第一次参与行业竞争，短暂激烈的价格战让他和他的公司在粤港两地的市场上暂时有了立足之地，但是他的理想远不止这个，为了真正站稳脚跟，王卫很快就退出了价格战，而是脚踏实地地去维护自己的客户群体。不仅如此，经过几年艰苦卓绝的奋斗和苦心经营，2010 年，已经创办了 7 年的顺丰首次向国际市场进军。自此，顺丰再次与其他行业对手拉开了差距。

如今，回想起那段日子，很多人或许非常疑惑，一家由 6 个人组成的快递公司，是怎么在异常激烈的市场争夺中用短短几年的时间迅速垄断深港市场的？其实顺丰当时并没有专心致志做好服务的资本和条件，在那种慌乱的局面中，每一家快递公司都希望尽最大可能扩大自己的市场占有率。顺丰所做的和其他快递公司一样——努力接单。

唯一的差别就在于，顺丰的员工更能吃苦，更知道脚踏实地的力量。他们是当时广东地区唯一一家愿意跑偏远地点、愿意在恶劣天气里顶风冒雨收件派件的快递公司。久而久之，一家向所有客户敞开怀抱的企业就自然拥有了最广泛的客户资源。

如果说吃苦耐劳是顺丰人起步时最鲜明的职业特点，那么，目标清晰就是深入市场时顺丰唯一的招牌。进入到21世纪，互联网技术的"突如其来"改变了很多行业的发展方向，电商的出现也为人们带来了新的购物模式，以圆通快递为首，"四通一达"纷纷和电商"联姻"，可观的网络订单让几大快递公司的业务量激增，这是一个可以分而食之的大蛋糕，因此几家公司都迫不及待地将刀叉伸了进来。这一次，定位清高的顺丰则显得有些"不合群"。

为了抢占更多的市场份额，几大公司又开始了第二轮价格战，到竞争最激烈的时候，首重价格曾经跌破两元钱，后来由于利润空间严重缩水，无底线的价格战让参战各方都朝着自寻死路的方向疾驰，直到有人察觉到了价格战对自身利益的"反噬"，这才及时刹了车。

反观被"排挤"在外的顺丰，坐怀不乱的王卫似乎没把心思放在这上面，他当时正忙着顺丰航空的建设和公司产品的再度细分，对于那时候的王卫来说，顺丰最主要的任务是在时效上全面提速，以此拉开和竞争者们的差距，也让消费者接受顺丰清高的定价。以美国联邦快递（FedEx）对标的这家民营企业虽然有更大的野心，但是更注重躬耕不辍，为了赶超其他几家公司，顺丰没有降低"身价"挤入这场纷争中，而是选择坚守中高端市场定位，细化服务，守住自己的目标用户。

随着国内经济水平的提高，以及人们对服务品质的追求，坚守定位的顺丰没有让希望落空，而是在越来越纷乱的市场环境里始终独善其身，一点点塑造起品牌形象和好口碑。

当顺丰速度成为企业招牌以后，顺丰在国际市场上的知名度也在日益提高。如今在深圳顺丰总部大楼里，人们可以看到来自五湖四海的不同肤色和面孔，他们从世界各地来到这个靠近南中国海的城市，在这里开始了各自的职业生涯和追梦之旅。这些人有一个共同的身份，那就是顺丰人，他们是顺丰多年苦心经营下吸引到中国的人力储备，也可能是未来在深入海外市场时的特殊人选。

但是现在，这些有着不同肤色、来自不同文化背景的海外员工，将在深圳开启一段别样的逐梦之旅。意大利员工丹妮来到顺丰以后，曾经就"加班"这件事表达过自己的看法，在她看来，中国和意大利的文化背景十分不同，人们对工作、学习的态度以及做事方法也存在很大的差异。她的意大利朋友常常问丹妮，中国人是不是在工作和学习上非常努力？丹妮的回答是肯定的。而当她来到这个国家以后，这种做事风格则在很大程度上被放大化了，意大利人徐徐图之的做事风格和这个国家的节奏形成了强烈的反差，有趣的是，不仅如此，丹妮还来到了向来以经营"速度"著称的顺丰。

科技的赋能和大手笔的投入，为这家中国最大的民营速递公司赋予了速度上的美感，海外员工不同的文化背景和工作方式也反过来影响着顺丰与时俱进的价值观，在不断的调和与融入之中，无论是顺丰还是这些员工自己，都在不断推翻又重建自己，直到二者找到了最舒适的兼容方案，这些来自海外的头脑便开始以最高效的输出向顺丰、也向世界各个国家传递着顺丰先进的经营管理理念，以及中国民营速递标杆的最新动态。

当他们开始认可顺丰的企业文化以后，这些人就成了顺丰连接世界的桥梁和纽带，同时也是将世界新动态及时传递到企业内部的传声筒。身份的特殊与重要赋予了这些年轻人极大的使命感，他们开始学会分担同事的工作，开始接受自愿加班，也开始意识到选择好"和谁做事"才是实现一份职业最高价值的第一要素。

正是因为有了这种躬耕而行的自我意识，正是因为顺丰价值观"润物细无声"的渗透，才会在一年又一年的更迭中培养出一批批以顺丰为骄傲的"SFer"。他们在王卫的感召下，一步一个脚印踏踏实实地往前走，因此才有了顺丰的今天。

匠人之心，潜心力作

"心心在一艺，其艺必工；心心在一职，其职必举。"在清朝纪昀的《阅微草堂笔记·槐西杂志（二）》中有这样一段话，意思是当一个人一心一意专注于某一件事情的时候，其技艺必定精湛。

纪昀的这段话颇具启示意义，也在千百年来的历史中反复被不同的人论证着。所谓"匠人之心，寄乎于手"，说的大概就是这种执着的坚守和辛苦的耕耘。

王卫则是名副其实的快递业"手艺人"。王卫曾经说过这样一句话："同样是画画，有人一辈子为画匠，有人却是画家。"在中国，经营快递公司的人很多，但是能不忘初心、以艺术家的心态去把这行做通做精的人却是凤毛麟角。

作为劳动密集型产业，快递业的准入门槛相对较低，服务受众也十分广泛，想要在这里写下一个精致的发展计划恐怕不易，但王卫从未停止尝试这样做。为了将顺丰的服务做到精益求精，沉默寡言的他多年来一门心思投入到公司业务上。在外界看来，除了"物流"，王卫没有其他关心的事情。

但是快递行业的超速崛起也让市场划分变得异常模糊化，小件、重货、网商、生鲜……各种各样的货物订单涌入几家老牌快递公司，订单量的暴增在给大家带来收益的同时，也牵扯了很大的精力，使新领域的精雕细琢被暂缓搁置。而王卫则因其清晰不变的定位得以在这时腾出了手脚，开始在各个急需物流业进入的领域开疆拓土，其中最能给消费者带来便利、也最充分利用顺丰的技术优势的，就是在医疗寄递领域的发展。

2020年初，新冠疫情的暴发给老百姓就医带来了很大的不便和隐忧，为了最大程度方便患者正常就医，国内很多城市的公立医院都和互联网健康平台联合开通了在线医疗服务，使无接触看病问诊在这个特殊的时期成为一种可能。2021年5月，很多医院又先后成了顺丰"医寄通"的试点医院，作为顺丰推出的医药领域线上服务产品，"医寄通"的出现在很大程度上缓解了就医压力，其服务主要包括病例寄递、中药寄递、体检报告寄递、便民代取等。据粗略统计，疫情期间，每个月都有近千名患者选择寄递服务。

在我国快递行业内，顺丰在医药寄递上的经验是相对丰富的。2015年，顺丰医药供应链有限公司在广州注册成立，几年内，顺丰在医药供应链上深度挖掘，并运用先进的温控手段开发出多款针对不同目标用户的医药快递服务。2020年5月，顺丰医药供应链湖北有限公司获得新《药品管理法》实施后首个药品第三方物流"告知承诺公示制"资质。这也是湖北省第一家获得该资质的药品第三方物流企业。

除了医药供应链的布局，精于钻研的王卫在科技赋能方面也付出了很多心血，在几年前的采访中，王卫曾非常明确地指出，顺丰以后的竞争对手是那些科技实力很强的公司，因此，在速度取胜的基础上，王卫不再执着于缩短派送时间，而是加大科技投入，招收高学历人才，寄希望于人工智能和无人机的运用。

和其他快递公司不同的是，顺丰规模庞大且采用直营制管理，自上而下的管理方式虽然在服务规范化、产品规范化等方面颇有助益，但是想要将公司最新的政策传达落实下去，则要耗费很长的时间。这时，将人力解放出来，用科技带动企业管理成为王卫看中的一条新路。

近年来，随着计算机能力的大幅提升，人们一次次被"人工智能"所辐射的领域之广泛、反应之迅捷所震撼，借鉴了计算机科学、信息工程、数学、心理学、语言学、哲学以及其他科学领域的人工智能，也的确在极大程度上综合了几大学科门类的精髓，力图不断完善机器的"学习"与"解决问题"的能力。当计算机的能力得到提升，越来越趋近于人类的思考和反应模式时，受到体力与反应速度制约的人就成为即将被替换、缩减的那部分了。

放眼国内企业界，如今，对人工智能的运用正在给各行各业带来意想不到的收获，王卫作为思想领先的带头人，主动尝试将人工智能技术引入到企业内部，提高企业工作效率，完善企业管理规范。与此同时，"AI+"的模式也在飞速地进入到人们生活的方方面面。与人工智能和顺丰联系颇为紧密的就是我们在前文已经提到过的无人机运输的应用。

在顺丰科研团队的潜心钻研下，顺丰无人机已经成了企业科技创新的名片，顺丰也因此成为国内最早使用物流无人机的公司之一。2020年新冠疫情暴发以来，顺丰在我国多个城市开展了特定场景下的无人机物流运输作业。同时，也为缓解疫情重灾区的物资运输压力贡献了不可忽略的力量。

可以说，在快递行业，顺丰已经是科技力量最雄厚、科技创新项目遥遥领先的企业了，之所以有今天的成就，和王卫的理想是分不开的。一个能沉下心来专注地做一件事的人，心里一定有牢不可破的信仰，这是他们精神世界的支撑，也是一切行为的出发点和价值所在。王卫的匠人之心就体现在他对物流业务的专注和对不灭理想的追求上。因此，这不仅是一个遵守商道也信佛的企业家，很大程度上，王卫也有着艺术家的气息和风范。

多重发展，向更高处

2019 年，王卫和顺丰"分别"的时刻来临了，虽然卸任执行董事和法定代表人的变更不会让顺丰彻底脱离王卫的管理和宏观调控，但对彼此来说，这一次的人事变动更像是一种双向的割舍。

49 岁的王卫也许永远都不会忘记 1993 年的那个春天，自己是下了多大的决心，鼓足了多少勇气，才敢在屡次创业失败后，倾尽父亲的万元资助再次踏上创业的征途。当时 23 岁的王卫大概怎么也没有想到，这次启航将开启一段为时 26 年的漫长旅程，并且，这个由自己亲手缔造的快递王国正在以锐不可当的气势继续向前。在今天，它甚至已经成了中国民营快递史上最灿烂的一笔。这是王卫半生的心血，也是他这一生最值得自豪的成就。

但是，自陈雪颖接任顺丰执行董事，并顺利变更为顺丰新的法定代表人以后，王卫这个深居简出的神秘总裁就再一次消失在公众的视野中了，人们最多只能在每年的富豪榜上看到他的名字。

像 20 世纪 90 年代那个闯入经济试验场的年轻人一样，王卫的出现和"隐退"都是那么低调，但他的成绩却惊天动地。1996 年，能垄断深港速运市场的公司恐怕只有顺丰一家，人们从那时起就开始对这个公司的幕后指挥官产生了浓厚的兴趣。如今，在人们还没有来得及消化"顺丰王卫卸任"这一重大新闻时，他就已经消失在媒体和报道中了。

像是一个传奇，他来或走，都让人感到意外，但是他的出现让中国民营快递史上多了一个被视为民族自豪的企业。在顺丰发展的历程中，多少次激烈的角逐，多少次狭路相逢，这个孤独的侠客都表现出了逢敌亮剑的魄力和勇气。因此才有了顺丰今天的成就和知名度。王卫卸任以后，顺丰的发展依然保持在平稳增速的状态，并在航空、无人机、AI 技术、隐私信息管理等多方面锐意进取。

2019 年 11 月 8 日，国际认证机构 DNV GL 正式向顺丰科技有限公司颁发 ISO/IEC 27701:2019 标准认证证书。顺丰也因此成为 DNV GL 全球第三家，也是全球物流行业第一家通过此标准认证的企业，这标志着顺丰顺利完成了从信息安全管理体系到隐私信息管理体系的拓展，树立了数据安全、隐私合规方面的又一个里程碑。

隐私安全在顺丰一直是备受重视的安全底线，如今的顺丰拥有着庞大的客户群体和市场覆盖范围，实名制寄件、派件、报关等业务的需要，让客户的大量个人敏感数据不断被采集，近年来，关于个人信息泄露的问题也引起了消费者的关注和不安。因此，这一认证的顺利通过是对顺丰在隐私合规建设方面长期投入大量资金与人力的极大肯定。这份认证的到来也将为顺丰留住更多的客户，赢得更多的信赖。

在保障信息安全的同时，顺丰的航空梯队也在强势扩张。此时距离王卫与扬子江快运签约已经过去了 17 年，国内快递企业也纷纷加入了航空运货大军，但是，顺丰航空的实力仍然是国内首屈一指的。

2020 年 4 月 7 日下午 3 时，一架满载着货物的 B747-400 型全货机从湖南长沙黄花国际机场起飞，它的目的地是远在欧洲的比利时列日国际机场，这是顺丰航空首飞"长沙－列日"这条国际货运航线，它标志着自 2009 年顺丰航空成立以来，第二条欧洲航线的顺利开通。

2020 年 5 月 17 日，鄂州民用机场主体工程转运中心已经完成了关键点设计，根据《湖北日报》的图片报道显示，该项目是一个"王"字型的工业建筑群，高处俯瞰十分壮观。这也是我国第一个获批建设的货运枢纽机场，是我国首个自主设计的大型专业航空货运枢纽机场。它的诞生自然备受瞩目。

2020 年 11 月 7 日，顺丰航空 B747-400ERF 载货飞机从深圳宝安国际机场起飞，于次日清晨抵达美国洛杉矶国际机场，这标志着顺丰航空首条美洲全货运航线的开通。

海外多航线的开通将为顺丰在国际市场上施展拳脚提供更广阔的空间和可能性，也将为顺丰带来更多的国际订单。为了最大化发挥顺丰航空的实力优势，配合顺丰市场开拓的步伐和野心，顺丰航空梯队不断扩容。

2020 年 11 月 10 日清晨，距离一年一度的"双 11"还有不到 24 个小时，一架肩负着明确使命的 B757-200 型货机正式入列顺丰航空，成为顺丰航空的第 61 架新运力，这个新成员将在入列第二天全力助战"双11"物流高峰。为了缓解物流高峰，自进入"双 11"以来，顺丰航空的单日航班量就突破了 180 个，成为历史最高纪录。

航空梯队的强势扩容让顺丰的发展后劲更足，底气更强，王卫以及当初和他一起并肩作战的同事们用了二十多年的时间，顺利摆脱了拉杆箱送货的窘境。从拉杆箱到货运飞机，这条路在任何人看来都充满了艰难险阻，但是天道酬勤，现在，每天都有飞往国内、国际各地的飞机从顺丰航空起飞或降落，在不远的未来，追求国际速度、自觉向国际巨擘看齐的顺丰，也必将迎来更璀璨夺目的明天。

2020 年 8 月 21 日，顺丰大型无人机也带来了"首次投入业务场景，成功落地内蒙古机场"的好消息，这不仅是顺丰在无人机运货领域的新尝试，同时也是国内首次将大型无人机应用于物流场景。

2020 年 11 月对顺丰来说，似乎是个硕果累累的月份，顺丰不仅开辟了新的海外航线；1 日清晨，顺丰在运输手段的运用上再创佳绩，一列满载包裹的高铁从北京西站出发，并于当日抵达武汉汉口车站，这代表着国内首条用于整列装运快件的动车组试点线路正式开通。从早年的飞机运快递，到今天的无人机应用，再到整列动车组的试点线路的运行，王卫在物流行业运输手段上开创了先河，是新运输手段的领头人和开创者。

到 2020 年为止，顺丰已经上市三年的时间了，三年里，顺丰的发展是有目共睹的。如果说王卫曾经把顺丰看成自己的孩子，那么现在，这个曾经在一片质疑和讽刺声中负重前行了很久的孩子，已经在 27 年的栉风沐雨中长成了步伐稳健的青壮年。今天的顺丰有着企业自身的文化与自信，也肩负着国家和行业赋予的使命，它的成熟和步履不停将成为王卫的最欣慰之处。

王卫用小半生的时间实现了自己的志向和理想，无论是频开中国物流行业先河的殊荣，还是 75 架自有货运飞机的梯队规模；无论是以经营速度见长的企业特色与自信，还是人工智能技术在操作管理上的大胆应用；无论是无人机的加入所带来的新蓝图，还是面对变幻莫测的经济环境与行业动向的冷静沉着，顺丰这艘有着数十万员工的快递航母，都足以令这个中年男人回忆一生。

2021 年，距离王卫卸任顺丰执行董事已经过去了两年之久，在这七百多个日夜里，快递行业每时每刻都在发生着新的变化。顺丰的发展也在这个时候饱受关注和争议。

2021 年 2 月 10 日，顺丰发布《非公开发行 A 股预案》，《预案》称，顺丰将"募集不超过 220 亿元"，而这些资金将用来"新建湖北鄂州民用机场转运中心"等项目。该机场建成后，也将成为亚洲第一、世界第四的货运枢纽机场。

看起来，这家始终以航运引以为傲的快递公司依然在稳步发展，虽然和国际巨头还有很大的差距，但在国内，顺丰的航运能力始终遥遥领先。然而，在 2021 年的春天，顺丰其实正经历着一场巨大的亏损。根据 2021 年 4 月 8 日顺丰控股发布的 2021 年第一季度业绩预告，顺丰称将"亏损 9 亿至 11 亿元"。消息一出，一片哗然。

上一个春天，顺丰还在疫情中逆势增长，净利润突破 9 亿，一年的时间不到，净利润竟然迎来了近 20 亿的巨大落差。该预告犹如平地惊雷，人们纷纷议论，顺丰到底怎么了？曾对其报以热烈掌声的资本市场反应也尤为强烈，顺丰的市值不断下跌，2021 年春节后的第 48 个交易日，竟蒸发了 2730 亿市值。

市值的大量蒸发引起了多方媒体的关注，很多媒体的报道称"一只'兔子'（指极兔快递）掀起了行业内卷，搅翻了快递江湖"；也有媒体认为，这将是顺丰经历的又一次企业阵痛；更有媒体觉得，顺丰股价暴跌不是坏事。王卫也在此时公开道歉，但想要知道这两年里顺丰究竟发生了什么，还要从频频爆发的价格战说起。

2021 年春天，一家叫"极兔"的快递公司收到了义乌邮政管理局的警告函，告诫其"不得用远低于成本价格进行倾销"，一段时间后，极兔被要求整改。极兔的确掀起了快递行业的又一次更为激烈的低价竞争，并在很大程度上导致多家快递公司陷入窘境。这种几乎可以被称为"自杀式"的竞争也将顺丰逼上了一条险路。

多年来，随着科技手段的革新和各快递企业的发展，快递行业内部各公司之间的差距也在不断缩小，顺丰的航运能力和速度优势已越来越不明显，价格居高不下逐渐成为顺丰拉拢市场的一块致命的短板。以前提起顺丰，人们首先想到的是"快"和"贵"，现在，"快"的概念几乎要被其他几家快递公司追平了，对于永远对价格拥有更高感知度的消费者而言，曾经有口皆碑的顺丰如今似乎只剩下了"贵"。因此，一直不愿意薄利多销的顺丰在 2020 年也开始进入了"以价换量"的新阶段。

想要推动业务量增长，价格已成为关键因素。2020 年，顺丰单票收入从 2019 年的 21.9 元降低到 17.8 元，下跌幅度远超行业水平。价格的调整为顺丰增加了 2.2 个百分点的市场份额。可以说，顺丰的"以价换量"是卓有成效的。

然而作为全国唯一一家直营模式的快递公司，顺丰也拥有和其他企业不同的压力及优势，在成本不变的情况下，单票收入的下跌势必导致单笔利润的缩减，如何避免毛利润大幅下降，成了顺丰降价后需要考虑的新难题。

但让人意想不到的是，根据 2020 年顺丰的毛利率数据显示，2019

年，顺丰毛利润率为 17.4%，2020 年单票收入下降 19%，毛利润率为 16.4%，仅降低了 1 个百分点。单票收入大幅度调整，毛利润率却小幅度下降，这巨大反差的背后到底藏着什么秘密？还就要从顺丰的成本结构说起。

多年来，顺丰的主要成本集中在三大块，分别是外包、薪酬和运输。其中，外包和薪酬这两项人力成本在 2020 年分别占营收成本的 62.76% 和 10.31%，运输成本占营收成本的 11.1%。将这些成本分摊到 2020 年顺丰的 81.37 亿票业务上不难看出，单票成本同比降低了 0.92 元。也就是说，顺丰在调整单票收入的同时，单票成本价格也在尽量压缩。而在这部分被压缩的成本中，外包和薪酬合计贡献了 50.6%，运输成本下降贡献率为 12%。也就是说，顺丰利用自身的科技优势，不断提高人力、设备的使用效率，使单票成本尽可能地压缩，同时降低单票收入避免了毛利润率出现大幅下降。

至 2021 年，依靠"压缩成本"和"以价换量"两条腿走路的顺丰在极兔掀起的价格战和疫情的双重压力下，顺利夺回了两个百分点的市场份额，虽然 2020 年顺丰 Q1、Q2 单票价格降幅超过了 20%，但是业务量的同比增长速度却是有目共睹的。

与此同时，建设中的鄂州民用机场转运中心也将为顺丰提供航运方面的新支持，预计到 2025 年，该机场的承载量将达到 245 万吨货物吞吐量及 100 万人次的旅客运输。而在建设该机场的过程中，顺丰通过非公开发行募集的 220 亿则显得尤为重要。

也恰恰是在这个阶段，人们开始对顺丰股价下跌议论纷纷，但顺丰股价下跌究竟是价格战中被错杀的结果还是另有原因呢？由于这 220 亿是非公开发行，潜在投资人已经早有人选，普通投资者的利益必须在遵守监管规则的前提下获得保护，根据相关规则，非公开发行价不低于 20 日均价的 80%。有相关媒体分析，如果顺丰二级市场利好，在股价大幅上涨时再根据监管规则调整定价范围，将是一件非常被动也大费周章的事。因此，在这样的情况下，顺丰此前的第一季度业绩预告似乎可以被看作是在为防止股价过快上涨埋下伏笔，并且从事实层面上也起到了降低投资者预期的作用。至于接下来的路将何去何从，顺丰第一季度的亏损到底该如何归咎，顺丰股市行情何时再度利好，目前尚不得而知，只能拭目以待了。

如今，当后辈们带着新鲜的观念和灵活的头脑来到顺丰，这个热爱物流行业，对之赋予了半生深情的"非霸道总裁"仍在坚守自己的使命。这一路上，他的勇敢、坚持、笃信和行动力陪伴顺丰走过了最艰难的初创期，他的冷静、沉着、魄力和忧患意识让顺丰避免了更多的隐患和劫难。最终，他不惜打破自己当初立下的"不上市"的誓言，为顺丰开启一条更符合当下发展规划的上市路。他在台上调侃自己"有些话不能随便说"，那一刻，大家看到的是一个不乏幽默的自信的企业家。而在不久后顺丰市值大量蒸发，舆论甚嚣尘上之际，王卫再一次低调亮相正面发声。顺丰的帷幕不曾落下，它的明天也无可估量，接力棒正在传递，而王卫将始终站在顺丰身后，注视着这个曾被自己视如孩子的企业向更高处进发。

大事记

1970 年 10 月	王卫出生于上海。
1977 年	王卫随家人移居香港。
1993 年 3 月 26 日	王卫在广东顺德注册成立了顺丰速运。
1996 年	顺丰垄断深港快运市场。
2002 年	王卫收权成功，顺丰顺利从加盟制转为直营制；顺丰总部在深圳成立。
2003 年	王卫与扬子江快运签下合同，顺丰成为国内第一家使用全货运专机的民营速递企业。
2006 年初	网点布局规模扩大，覆盖了全国 20 个省 100 多个大中型城市。
2008 年	顺丰湖北分区仓库遭遇火灾，顺丰做出积极回应并提出赔偿解决方案。
2009 年 2 月 9 日	由顺丰速运（集团）有限公司和深圳市泰海投资有限公司共同出资的顺丰航空有限公司经民航局正式批准筹建。
2009 年 11 月 11 日	顺丰应对首个"双 11"爆仓。

2009 年 12 月 31 日　　顺丰首架飞机顺利起飞。

2010 年　　进军海外市场，首先在韩国和新加坡建立网点；公司销售额达到 120 亿人民币，拥有 8 万员工，年平均增长率 50%，利润率 30%。

2010 年 8 月　　"顺丰 E 商圈"诞生。

2011 年　　在马来西亚和日本建立网点；顺丰金融正式成立。

2011 年 12 月　　"顺丰宝"通过深圳市泰海网络科技服务有限公司获得中国人民银行颁发的有效期为 5 年的第三方支付牌照。

2012 年　　顺丰在美国建立网点。

2012 年 3 月　　顺丰旗下高端礼品线上购物平台"尊礼会"诞生。

2012 年 5 月 31 日　　以"优选商品，服务到家"为宗旨的顺丰优选诞生。

2013 年　　顺丰与 EMS 打响"空战"；顺丰推出"四日件"；顺丰在泰国建立网点；顺丰接受了元禾控股、招商局集团、中信资本的投资。

2013 年 12 月　　顺丰正式成立食品供应链事业部。

2014 年　　顺丰旗下自营跨境进口电商平台"顺丰海淘"诞生；顺丰金融获得央行发放的银行卡收单牌照。

2014 年 3 月　　顺丰成立了医药物流事业部。

2014 年 5 月	被顺丰定位为"'最后一公里'的社区 O2O 项目"——"嘿客"正式亮相。
2014 年 9 月 25 日	顺丰正式推出新品牌"顺丰冷运"。
2015 年初	顺丰正式成立"冷运事业部"。
2015 年 3 月	顺丰拓展了仓储融资服务业务。
2015 年 4 月底	"顺丰宝"升级版——"中信顺手付"APP上线，并拥有独立域名。
2015 年 10 月	"顺丰海淘"正式更名为"丰趣海淘"。
2015 年 12 月	顺丰推出了理财产品"顺手赚"。
2016 年 4 月	顺丰首个海外电商平台丰卖网在俄罗斯上线。
2017 年 2 月 24 日	顺丰控股在深交所举行"重组更名暨上市仪式"，顺丰正式上市。
2017 年 6 月	顺丰与菜鸟网络发生摩擦，后经国家邮政局出面调解平息。
2017 年 8 月 13 日	广东省工商联合会第十二次代表大会在广州召开，王卫当选为省总商会名誉会长。
2018 年 4 月	顺丰提名王卫担任大数据运营平台首任董事长。
2019 年 2 月 27 日	王卫不再担任执行董事，由陈雪颖接任，同时，法定代表人也由王卫变更为陈雪颖。
2020 年 6 月 22 日	王卫退出互联网信托公司深圳中顺易金融服务有限公司董事会。

参考文献

1.武亮、于洪彦:《"黑客"再转型——顺丰速运的O2O困境与出路》,企业管理,2016年6月。

2.王静:《"让客户的心跟着你走"——快运巨擘,美国联邦快递》,中外企业文化,2004年1月。

3.张丽俐:《王卫:顺丰掌门人的创业与管理哲学》,时事出版社,2017年。

4.王楠:《王卫:顺丰而行,新蓝领时代骄子》,北京时代华文书局,2018年。

5.李芏巍、甘盖凡、薛战雷:《顺丰而为王卫》,中国经济出版社,2020年。

6.郭昭晖:《王卫的谜:顺丰的那套办法》,中国财富出版社,2016年。

7.安建伟:《风口之上,顺丰有为:顺丰速运成功的秘诀》,广东经济出版社,2016年。

8.刘志则、张吕清:《一路顺丰:"快递之王"的传奇人生》,北京时代华文书局,2017年。

9.武帅:《顺丰起舞:快递老大的商业逻辑》,中国宇航出版社,2015年。

10.孟凡华:《顺丰传:如何在逆境中顺势而为》,中国华侨出版社,2020年。

11.吴晓波:《激荡三十年》,中信出版社,2017年。